직언과 포용의 인간학

직언과 포용의 인간학

박종연 편역

북&월드

1부_ 대쪽 같은 성품은 입신의 근본이다.

사람이 세상을 살아가면 많은 유혹에
직면하게 된다. 권력에 있든지 감사를 하든지
아니면 학문을 하든지 유혹은 뜻하지 않게 만나게 된다.
이럴 때 자신에게 엄격하고 남에게
관대하면 자신을 비방하는 사람과 유혹하는 일로부터
멀어지고 명예를 지켜나갈 수 있다.

대쪽 같은 성품은 입신의 근본이다

공자가 양호陽虎를 피하다

양호陽虎는 노나라 계손씨季孫氏의 가신家臣으로 당시 왕이었던 계평자季平子를 보좌하여 막강한 권세를 누리면서, 호시탐탐 권좌를 노렸다. 그러던 중 계평자가 죽자 기회를 놓치지 않고 왕위 계승자인 계환자季桓子를 감금하고, 노나라를 마음대로 쥐고 흔드는 실질적인 왕이 되어 무소불위의 권력을 휘둘렀다.

당시 중년의 나이었던 공자孔子는, 그가 주상하던 '어진 정치[仁政]'의 이념이 많은 지지를 받아, 사람들에게 인기가 높았다. 양호는 자신의 영향력을 넓히기 위해 여러 차례 벼슬자리를 권했으나, 공자는 매번 단호하게 거절했다. 공자는 인의를 무시하는 양호를 마음속으로 경멸했을 뿐 아니라, 과거에 그에게 모욕을 당한 적도 있었다. 이전에 양호는 공자가 계손씨 일가가 거행하는 연회에 참가하려는 것을 막은 적이 있었으며, 공자의 주장을 비웃기도 했다. 공자는 양호가 임금을 가두고 그 자리를 빼앗으려 한다는 것을 알아차리고는 그와 만나기를 꺼려하며 피해 다녔다.

그렇지만 양호도 쉽게 포기하지 않고 꾀를 내어 공자를 만나려 했다. 그 당시 예법에는 제후가 선비에게 예물을 하사했을 때, 예물을 받은 선비가 외출하고 집에 없었다면 돌아온 후에 반드시 제후를 직접 찾아가 감사를 표하도록 되어 있었다. 이점을 이용하여 양호는 고의로 공자가 집에 없는 틈을 타 후한 예물을 놓고 돌아왔다. 이렇게 되자 공자가 직접 양호를 찾아가지 않을 수 없게 되었다. 그러나 그의 이러한 의도는 빗나갔고, 공자는 '그 사람의 도로써, 그 사람의 도를 다스린다.'고 하여, 양호가 외출하고 없는 틈을 타 그의 집을 방문하여 감사를 표했다.

어느 날 공자는 멀리서 자신에게 다가오는 양호를 보고 몸을 돌려 피했지만, 양호가 빠른 걸음으로 쫓아왔다.

양호가 "그대는 말로만 '인'을 제창하면서, 나라의 문제를 해결하는 데 도움을 주지 않으니, 이것이 당신이 말하는 '인'이오?"라고 물었는데, 공자는 아무런 대답도 하지 않았다.

양호는 공자가 아무 말이 없는 것을 보고 마음에 동요가 있다고 생각하여 다시 물었다. "흐르는 세월은 누구도 거스를 수 없소. 그대의 나이도 적지 않은데 오히려 매번 기회를 놓치고 있으니 어찌 총명하다 하겠소? 당신은 뜻을 크게 한번 펼쳐볼 생각이 없소? 내가 그대에게 높은 지위와 평생 누리지 못할 부를 주려는데 무엇을 더 기다리고 있는 것이오?"

그러자 공자가 당당하게 대답했다. "비록 내가 '배우면서 여력이 있으면 벼슬을 하라[學而優則仕]'고 말하고, '인'을 이야기 했지만, 그에 앞서 내가 모시려는 군주가 어진지 아닌지를 살피고, 내가 그를 보좌할 만한가를 살펴야 할 것입니다!"

공자는 이 말을 하고는 곧장 가던 길을 가버렸고, 양호만이 그 자리에 멍하니 남았다.

사람들마다 추구하는 바와 인생의 목표도 다르니, 이것을 일컬어 '만인의 의기는 쉽게 모아지지 않으며, 모두가 지향하는 바가 다르다.'라고 말할 수 있다. 그러므로 일찍부터 자신의 사업에 대한 계획이 있어야 하고, 남의 장단에 춤을 추며 부화뇌동해서는 안 된다. 표면적인 지위와 부는 단지 허영심만을 만족시킬 뿐, 자신의 인격을 고양시킬 수는 없으며 또한 인생에 있어서 궁극적으로 추구해야 할 바도 아니다.

✛

부자의 나쁜 습관

제나라의 한 부자는 어려서부터 장소를 가리지 않고 식탁에 앉기만 하면 다른 사람을 욕하는 나쁜 습관이 있었다. 음식이 입에 맞지 않거나, 하인들이 서툴게 시중을 들면 젓가락을 던지거나 그릇을 엎어버리는 경우가 허다했으며 심지어는 식탁을 뒤엎기도 했다. 하인들은 화가 나고 주인이 원망스러웠지만, 감히 불평할 수가 없었기 때문에 식사시간만 되면 겁이 나서 조심했다.

부자는 자주 다른 지방을 다니며 장사를 했는데, 늘 두 명의 하인을 데리고 다녔다. 어느 날 장삿길에 올랐다가 매우 지치고 배가 고팠던 부자는 주막을 발견하고는 구세주를 만난 듯이 달려갔다. 주막 주인은 그가 돈이 많다는 것을 알아차리고 공손히 맞이했지만, 주문한 음식이 나오자 부자는 평소대로 이것저것 트집을 잡기 시작했다.

성격이 좋은 주인은 연신 사과하며 말했다. "식당이 허름해서 고쳐야 할 점이 많습니다. 불편하신 점이 있었다면 양해하시고 용서해 주십시오."

부자는 못마땅하다는 듯이 투덜거리며 밥 한 그릇을 다 비우고는 밥값을 탁자에 던지며 말했다. "이 돈을 주는 것도 아까워. 배탈이나 나지 않으면 다행이지."

주막 주인이 그 말을 듣고는 말했다. "지당하신 말씀입니다. 저희가 잘못을 했으니 사죄하는 뜻으로 개 한 마리를 선물로 드리지요!" 그리고는 검은 개 한 마리를 데리고 와서 말했다. "이 녀석이 보기에는 이렇게 생겼지만 사냥을 아주 잘합니다. 사과하는 의미로 드리는 것이니 부디 받아주십시오."

부자는 공짜로 영민해 보이는 개를 얻고는 화를 풀고 길을 떠났다. 그러나 얼마 지나지 않아서 이 개가 사냥에는 전혀 관심이 없으며 오로지 먹는 것만 밝힌다는 사실을 알았다. 밥 먹을 때만 되면 식탁 아래에 쭈그리고 앉아 주인이 먹다 남은 뼈다귀를 기다렸고, 뼈다귀 대신 다른 먹이라도 주면 미친 듯이 짖어 댔다. 부자가 이를 참지 못하고 꾸짖기라도 하면, 개는 더 화가 난 듯이 짖었다.

주위 사람들은 개가 먹으면서 짖어대고, 부자 역시 먹으면서 욕하는 것을 보고는 웃으며 말했다. "주인과 개가 똑같군! 서로 빼앗아 먹으려는 모습이 정말 재미있어."

두 하인은 다른 사람들의 말을 듣고, 다시 그 장면을 보면서 절묘한 풍자라고 생각했다. 부자는 사람들의 말을 듣고 그제야 크게 깨닫는 바가 있었다. 주막 주인이 개를 선물한 것에는 다른 의도가 있었으며, 스스로 그 욕을 자초했다는 것이다.

도스토예프스키는 말했다. '한 사람의 후반부 인생은 습관에 의해 결정되고, 그 습관은 대개 인생의 전반부에서 길러진다.' 좋은 습관을 가진 사람은 성공하지만, 나쁜 습관을 가진 사람은 실패하게 된다. 개인적인 일이든, 다른 사람들과 함께하는 일이든 습관은 그 성패에 커다란 영향을 끼친다. 따라서 반드시 좋은 습관을 기르고 부단히 자신을 반성해야 하며, 절대 나쁜 습관이 자신을 지배하여 인생의 앞길을 망치는 일이 없도록 해야 한다.

✛

강산을 바라보며 후사를 논하다

전국戰國시기 안자晏子는 제나라의 재상을 지냈다. 하루는 제나라 경공景公을 모시고 궁 밖으로 나가 높은 산을 오르게 되었다. 경공은 높은 산봉우리에 서서 먼 곳에 있는 빽빽한 산봉우리와 산을 휘감아 흐르는 강을 바라보고 있었는데, 마침 사람들은 광활한 밭에서 일을 하고 있었다. 경공은 갑자기 마음이 탁 트이고 기분이 상쾌해져서 자신도 모르게 감탄하며 말했다. "참으로 넓고 아름다운 산천이로구나! 지금은 모두가 내 것이지만, 앞으로 누구의 천하가 될지 모르겠구나!"

경공은 본래 자신의 후손이 반드시 자기의 과업을 계승해야 한다고 생각했으며, 안자가 그의 위대함을 칭송해줄 것으로 기대했지만, 뜻밖에 안자는 다음과 같이 대답했다. "제가 생각하기로는 아마도 전성씨田成氏가 될 것 같습니다."

경공은 다소 실망하고, 뜻밖의 말에 화를 내며 말했다. "무슨 소리인가. 나는 한 나라의 군주이고, 그는 그저 평범한 사람일 뿐이거늘 어찌 내 뒤를 이어 제나라를 통치할 수 있단 말인가? 그에게 무슨 뛰어난 점이 있단 말이냐!"

안자는 침착하고 또박또박하게 대답했다. "대왕께서는 화를 푸십시오. 전성씨는 별로 특별한 재능이 없습니다. 단지 선하고 남에게 베푸는 것을 좋아할 뿐입니다. 반면에 대왕의 세稅를 걷는 법도는 번거롭고 지나칩니다. 그는 또 자신의 봉록을 대신에게 나누어 주고 가난한 사람을 돕는 것을 아깝게 여기지 않습니다. 사람들에게 많은 돈을 빌려 주고, 되돌려 받을 때에는 이익을 조금만 취해 제나라에서 대단히 인심을 얻었습니다. 그는 '나의 이 돈은 본래 백성으로부터 얻은 것이니 그들이 쓰게 하는 것이다. 이는 당연한 것으로 내가 아까워할 것이 무엇인가?'라고 말했습니다. 백성들은 모두 그의 이러한 기개와 대범함에 감동하여 그를 대단히 존경하고 있습니다."

"겨우 그런 것 때문이란 말인가? 내가 보기에는 별것도 아닌 것 같구나. 나는 그가 천하를 얻을 수 있다고 생각하지 않는다."

"그렇지만 인심은 매우 중요합니다. 그의 기개와 인자함은 재능 있는 사람들을 불러 모으고, 그러한 힘은 아무나 가질 수 있는 것이 아닙니다. 매번 소를 잡을 때마다 그는 고기를 조금만 가져가며 나머지는 대부분 병사들에게 나누어 줍니다. 또한 다른 물건도 마찬가지입니다. 이 때문에 병사들은 모두 진심으로 그를 위해 죽기를 각오하고 싸우고자 합니다. 제나라에 기근에 들었을 때, 그는 양식을 나누어 주었고, 천 리 밖의 주周나라와 진秦나라 백성들마저 곤란을 당했을 때 그를 의지하여 찾아왔습니다. 전성씨의 입장에서는 '백성을 사랑하는 것이 부모를 사랑하는 것과 같다.'라고 할 수 있으며, 백성들의 입장에서는 '그에게로 돌아감이 마치 흐르는 물과 같다.'라고 할 수 있습니다."

경공이 그 말을 듣고는 통탄하며 말했다. "그렇다면 당연히 내 후대가 계승해야 할 대업을 전성씨에게 빼앗기게 되니, 너무 애통한 일이 아닌가? 내 운명이 그렇단 말인가?"

안자가 위로하며 말했다. "그렇게 걱정하실 필요는 없습니다. 대왕께서도 전성씨처럼 하실 수 있습니다. 어진 사람을 가까이 하고 가난한 사람을 도와주며, 형벌을 가볍게 하고 노약자나 병든 사람을 위로하며, 군대에 있는 장군과 병사들에게 은혜를 베푸시면 자연스럽게 사람들의 마음이 따라 올 것입니다. 또한 지금 이 나라에는 충분한 힘이 있으니 10명의 전성씨가 있다고 한들 대왕의 천하를 빼앗을 수는 없을 것입니다."

그러나 경공은 안자의 말을 염두에 두지 않고 여전히 예전과 똑같이 행동했다. 반면 기원전 386년에 전성씨는 제후가 되었고, 기원전 379년에는 아무런 저항도 받지 않고 제나라를 통일하였으며 경공은 결국 왕위를 잃고 말았다.

한 사람의 능력이 부족한 것은 중요하지 않으며, 마음을 터놓고 다른 사람의 의견을 잘 받아들여 능력을 넘어서는 성공을 거두는 것이 중요하다. 다른 사람의 의견은 안중에도 없고 자신만 잘났다고 생각하여 작은 일을 하찮게 여기면 큰일도 할 수 없게 되며, 결국 아무 일도 이루지 못하고 삶을 끝낼 수도 있다.

✢

바람처럼 빨리 달리는 천리마

노련魯連과 전파田巴는 제나라의 유명한 연설가로 당시 제나라는 매우 위급한 상황에 처해 있었다. 초나라 대군이 이미 남양南陽 일대에 주둔하고 있었고, 조나라 군대도 고당高唐 지역을 포위하여 공격하기 시작했다. 동창부東昌府의 상황은 더욱 긴박하여 십만의 연나라 군대가 철벽처럼 포위하고 있어서 안에 있는 사람들은 도망가려해도 꼼짝달싹 하지 못하는 처지에 있었다.

노련은 나이는 어리지만 경험이 풍부하고 마음속에 큰 뜻을 품고 있어서 자신의 재능을 바쳐 나라에 이바지하려 했다. 전파 역시 대단한 인물로 한번 이야기를 시작하면 끝이 없는 달변가였다. 그렇지만 그는 말만 하고는 행동으로 옮기지 않았고, 선현先賢에 대해서도 배울 점이 하나도 없다고 폄하했다. 노련은 전파가 탁상공론만하고 함부로 이야기하는 태도에 반감을 갖고 있었다.

하루는 노련이 전파에게 나라를 구하고 병사들을 부리는 계책에 대해 물었다. "사람들은 일에 경중과 완급이 있다는 것을 모두 잘 알고 있습니다. 집안에 있는 쓰레기를 청소할 시간이 없으면 거친 들판에 있는 잡초도 돌아볼 수 없고, 격렬한 전투에서 바로 앞의 적에 맞

17

설 수 없다면 어두운 곳에서 갑자기 날아오는 화살은 더욱 방비할 수 없습니다. 지금 나라가 매우 위급한 상황에 처해있는데, 나는 그대의 말재주가 출중하고 학문이 뛰어나다고 들었습니다. 지금 무슨 좋은 계책을 갖고 계십니까?"

전파는 상대방이 이런 문제에 대해 물을 것이라고는 생각지 못했기에 잠시 동안 말을 하지 못했다. 그리고는 더듬거리며 대답했다. "이는 신하와 장군들이 걱정할 일로, 나와 무슨 상관이 있겠습니까?"

노련이 이 말을 듣고 엄숙히 말했다. "국가의 흥망과 개인은 밀접한 관계가 있습니다. 설마 이 점을 모른다고 하시겠습니까? 당신은 자신의 말재주만 믿고 나라가 위급한데도 구할 방법을 생각하지 않고 있습니다. 백성들이 존망의 처지에 있어도 벗어날 계책을 생각하지 못하고, 아무 소용도 없는 헛된 말만 늘어놓으며, 당장 눈앞의 급한 일들을 소홀히 한다면 이는 본말이 전도된 것이 아닙니까? 꺼내는 말이 현실의 문제를 조금도 해결할 수 없는 아무런 가치도 없는 것이라면 그것은 부엉이가 쓸데없이 계속 울어대는 것과 같으니 어찌 사람들이 싫증을 내지 않을 수 있겠습니까? 만약 당신의 연설이 나라에 복이 되지 못하고 백성들에게 기쁜 소식을 주지 못한다면 차라리 입을 다물고 있는 것이 나을 것입니다!"

전파는 노련의 질책을 다 듣고서 쥐구멍이라도 있으면 숨고 싶은 심정으로 말했다. "그대의 말이 매우 일리가 있소. 나는 지금 이후로 반드시 고치도록 노력할 것이오." 그리고 마음속으로 '노련은 진정으로 바람처럼 빨리 달리는 천리마구나!' 라고 감탄했다.

평소에는 어떤 문제에 대해 많은 사람들이 모두 이론가와 연설가가 되지만 막상 실제로 위기의 순간이 닥치고 직접 행동으로 옮겨야 할 때가 되면, 호언장담하던 이런 사람들은 오히려 모두 두려워 피한다. 이런 것은 우리가 매우 삼가야 할 것들이다.

모든 일에는 경중과 완급이 있으며, 이를 구분하는 능력을 가져야 하고, 그것을 바탕으로 행동할 줄 알아야 한다. 말만 하고 행동하지 않으면 아무 소용이 없으며 동시에 여러 일을 할 때는 일의 순서와 상호간의 모순을 파악해야지만 전체적인 문제를 해결할 수 있다.

⚜

즐기는 것에도 시기가 있다

춘추시기, 제나라 환공桓公은 관중管仲의 보좌를 받으며 나라를 잘 다스려 세력을 크게 키워갔지만, 얼마 되지 않아 송나라가 군대를 일으켜 기杞나라를 공격하고, 적狄(중국 북쪽의 흉노, 선비 등 유목민족―옮긴이)은 형邢나라와 위衛나라를 습격했다. 이렇게 되자 기나라와 형나라, 위나라는 모두 환공에게 구원을 요청했고, 환공은 그 요구를 모두 들어주다가는 오히려 자신의 힘이 약해질까 두려워 계속 답을 주지 않았다.

대신들은 모두 제나라에까지 화가 미치는 것을 걱정하여 환공에게 출병하여 이웃나라를 도와주라고 간언했지만, 환공은 오히려 귀찮다는 듯이 말했다. "지금 양식은 내가 백 년을 먹을 만큼 충분하지만, 그대들 중에서 내가 백 살을 살 수 있다고 보장할 수 있는 자가 누구인가? 인생은 살아있는 동안 때를 놓치지 않고 즐겨야 한다. 지금 즐기지 않으면 지난 후에는 기회가 없으니 어찌 아깝지 않은가?"

관중 역시 남의 의견을 전혀 받아들이지 않고 자기 고집대로만 행동하는 환공에 대해 어찌할 수가 없었다. 환공은 매일 궁에서 아름다운 음악과 무희들의 춤에 심취했으며, 또 큰 연회를 베풀어 주색에 빠진 생활을 했다.

얼마간의 시간이 지난 뒤, 송나라는 기나라를 점령했고, 형나라와 위나라 역시 적에 의해 점령당했다. 그 후 송나라와 적은 호시탐탐 제나라를 노렸고, 변경에서는 그들의 침략에 대한 위급함을 알리며 구원을 청했지만, 환공은 전혀 개의치 않고 여전히 음악과 미녀에 빠져있었다.

관중은 때가 되었다고 생각하여 환공을 만났다. 환공은 관중을 보고는 감흥에 젖어 말했다. "어떤가? 그대도 마음이 동하는가? 이처럼 즐거운데 누군들 좋아하지 않겠는가?"

관중은 고개를 저으며 대답했다. "이전의 군왕들도 음악과 미녀로 즐거움을 삼았지만, 그때 나라 안은 청렴하고 변경은 안정되어있어 앞날에 대한 염려나 근심이 없었습니다. 그러한 즐거움이야 말로 진정한 쾌락이지요. 지금 변경에는 적군이 성 아래까지 와 있으니, 아마 지금 임금께서 누리는 즐거움이 크면 클수록 빨리 사라질 것입니다. 때로는 먼저 고생한 후에 편안하고, 먼저 근심한 후에 즐거운 것이 옳을 것입니다."

환공은 이 말을 듣고서 막 꿈에서 깨어난 듯 노래와 춤을 즐기던 곳을 폐쇄하도록 명하고, 그 이후로는 나라를 다스리는 일에만 마음을 쏟았다.

얼마 지나지 않아 초나라가 송나라와 정나라를 침략하고자 했으나, 제나라가 간섭할까 걱정하여 맹약을 체결하려 했다. 초나라 왕은 제나라와 동맹을 맺고자 사신을 통해 각종 보물을 보내왔고, 대신들은 초나라 왕에 대해 칭송을 하며 당장 동맹을 맺자고 주장했다.

이에 환공도 초나라와 맹약을 맺고 싶은 쪽으로 마음이 기울었지만, 관중은 초나라 왕의 음모를 간파하고 극렬히 반대하며 말했다. "일단 우리가 초나라와 동맹을 맺게 되면, 그들은 손쉽게 송나라와 정나라를 집어삼킬 것이고, 우리는 송나라와 정나라의 신의를 잃게 될 것입니다. 그렇게 된다면 이후로는 편안한 날이 없을 것입니다!"

환공은 이 말을 듣고 마치 뜨거운 죽을 정수리에 들어부은 듯 깨달은 바가 있었다. 그는 관중의 건의를 받아들여 군대를 보내 송나라와 정나라를 보호하고, 또 사신을 파견하여 초나라 왕에게 물러갈 것을 권했다. 욕심을 버리지 못한 초나라 왕이 물러나려 하지 않자, 환공은 군대를 일으켜 초나라 군대를 물리쳤다.

환공은 대승을 거둔 뒤에 신이 나서 오나라와 월나라의 임금을 초청하여 연회를 베풀고, 제후와 대신을 환대하며 궁중 미녀들로 하여금 춤을 추고 음악을 연주하도록 하면서 말했다. "지금이 나에게 가장 즐거운 때로다. 이전에 나는 단지 때를 놓치지 말고 즐기라고만 했지, 앞뒤 시기도 따져야 된다는 것은 생각지 못했구나!"

우환은 나라를 흥하게 할 수 있고, 사치는 몸을 망칠 수 있다. 쾌락은 모든 사람들이 추구하는 것이지만 쾌락을 추구하는 데에도 그 시기를 따져야 하며 적당한 때 다시 마음껏 누려도 늦지 않다.

✤

고생 끝에 병서兵書를 얻다

한漢왕조의 개국공신인 장량張良은 탁월한 군사적 재능으로 한나라 고조 유방劉邦을 도와 천하를 통일하는데 이바지 했다. 그가 이처럼 비범한 군사적 재능을 갖게 된 데에는 『견공병법犬公兵法』이라는 책의 공이 컸다. 그러나 이 기서奇書는 결코 쉽게 얻어진 것이 아니라 한 차례의 시험을 통과하여 겨우 전수받은 것이다.

하루는 장량이 시장으로 가는 길에 다리를 지나게 되었는데, 백발이 성성한 노인이 그에게 말했다. "내가 실수로 신발을 저 강물에 빠뜨려 버렸으니 당신이 좀 주워줄 수 있겠소?"

장량은 두말 하지 않고 기꺼이 강으로 내려가 신발을 주워 올라왔다. 그가 올라오자 노인이 또 말했다. "내 오른쪽 신발도 빠졌으니 그것도 좀 주워 주구려." 그러자 장량은 다시 노인의 말에 따라 강으로 내려가 신발을 주워왔다. 노인이 부탁할 때마다 장량은 마다하지 않고 그의 말을 들어주었다.

노인은 만족스러운 듯이 고개를 끄덕이며 말했다. "젊은이는 잠재력이 있어 전수해 줄만 하구만. 닷새 후에 이 다리 밑에서 나를 기다리게나."

닷새 후, 장량은 해가 밝자 마자 서둘러 약속한 다리로 갔지만, 노인은 훨씬 전부터 와서 기다리고 있었다.

"그대는 약속을 지켜 왔지만 시간을 지키지는 않았어. 나이도 젊은 사람이 이 늙은이보다도 늦게 도착하다니!" 노인은 엄숙하게 말했다. "다시 닷새 후에 이리로 찾아오게!"

장량은 매우 부끄러워하며 마음속으로 생각했다. '나이도 젊은 내가 노인만도 못하단 말인가. 다음에는 반드시 먼저 도착해야겠다.' 4일째 되던 날 저녁, 장량은 일찍 일어나지 못할까 걱정이 되어 잠을 이루지 못했고, 한밤중부터 다리로 나가 기다렸는데 다행이 노인의 모습은 보이지 않았다.

다음날 노인은 장량이 자기보다 먼저 도착했음을 보고는 매우 기뻐하며 말했다. "젊은이라면 당연히 열심히 노력하고, 근면하게 아침에 일찍 일어나야지!" 말을 끝내고서는 노인은 『견공병법』이라는 책을 꺼내 그에 전해 주었다.

장량은 이 책을 얻은 후 마치 귀한 보배를 얻은 듯, 매일 일찍 일어나 그것을 읽으며 내용을 되새겼다. 그는 그 책 속에 담겨있는 군사를 다스리는 근본에 대해 깊이 이해했으며, 유방이 천하를 통일을 할 때 많은 계책을 내놓아 중용되었다.

열심히 노력하고 고생하는 것은 큰일을 이루기 위한 전제조건이다. '어렸을 때 노력하지 않으면 늙어서 슬퍼하게 된다.'는 말은 젊었을 때 반드시 겸허하게 근

신하고 열심히 배워야지 그렇지 않으면 사회에 나가 뒤늦게 '학문은 사회에 나오기 전에 충분히 닦아 두어야 한다.'는 것을 깨닫게 된다는 뜻이다. 그때는 모든 것이 늦게 되어 자신의 꿈을 이루거나 공을 세우기가 매우 어렵다. 장량이 훗날 유방을 보좌하여 대사를 이룰 수 있었던 것이 바로 좋은 예이다.

＋

한 번 승낙한 말은 천금과 같다

역대 명인들의 두드러진 품성은 '말을 하면 반드시 행동으로 옮기고, 행동으로 옮기면 반드시 완수한다.[言必行, 行必果]'라는 금언金言을 꼭 지키고자 했다는 것이다. 어려운 상황에서도 '한 번 승낙한 말은 천금과 같다.'는 금언을 지켜낸 사람들은 청사에 길이 이름을 남기는 경우가 많으며, 범식范式이라는 인물이 전형적인 예이다.

동한시기, 범식과 장소張劭는 함께 낙양에서 3년을 동문수학하여 더할 수 없이 가까운 친구가 되었고, 학업을 마치고 두 사람은 각자 자신의 고향으로 돌아가게 되었다. 장소의 고향은 멀리 여남군汝南郡으로 범식이 살았던 산양군山陽郡과는 천 리나 떨어진 곳이었다. 헤어질 날이 되자, 언제 다시 만날 수 있을지 알 수 없었기에 두 사람 모두 이별을 아쉬워했다.

장소는 길에 서서 하늘을 나는 기러기를 보고 슬퍼하며 말했다. "오늘 헤어지면 언제 다시 볼 수 있을지……" 그러고는 더 이상 말을 잇지 못했다.

　범식도 슬픔을 참으며 장소를 위로했다. "너무 상심하지 말게. 2년 뒤 가을에 반드시 자네의 집을 찾아가 자네 부모님과 가족들에게 인사를 드릴 것이니 그때 다시 만날 수 있을 거네."

　장소가 이 말을 듣고는 고개를 끄덕이며 말했다. "꼭 와야 하네. 우리 꼭 약속하세!"

　낙엽이 떨어지고, 가을바람이 스산하게 불더니 국화가 울타리 옆에서 활짝 피어나고, 시간은 참으로 빠르게 지나가 벌써 2년 후 가을이 되었다. 약속한 때가 되자 장소는 안절부절못했다. 늙은 모친이 그 모습을 보고 무슨 일이냐고 묻자, 그는 어머니에게 범식과의 약속에 대해 이야기했다. 그때 하늘에서 갑자기 귀에 익은 기러기 울음소리가 들렸고, 장소는 마음속으로 감개가 일어 자신도 모르게 말했다. "범식이 곧 오려고 하는구나!" 그리고는 모친에게 말했다. "범식이 곧 오려나 봅니다! 빨리 준비를 해야겠어요."

　모친은 안타까운 마음에 아들을 바라보며 말했다. "애야, 그렇게 어린애처럼 굴지마라. 그 친구와 네가 얼마나 멀리 떨어져 있는데, 온다고 해도 금방 와 지겠니?"

　"아니에요. 어머님." 장소는 모친에게 대답했다. "범식은 정직한 사람이라 줄곧 자신이 한 말을 지켰어요. 그 친구가 오겠다고 약속했기 때문에 저는 반드시 오리라고 믿습니다."

　모친은 장소의 진지한 표정을 보고는 더 이상 아들의 마음을 상하게 하는 얘기를 할 수가 없어서 위로하는 말을 했다. "그러려무나. 그럼 난 빨리 가서 술이라도 데워야겠구나." 노인이 어떻게 그 말을 믿을 수 있었겠는가? 2년이라는 시간이 흘렀고, 아마도 친구는 그 약속을 까맣게 잊어버리고 있을 것이다. 자신의 아들만 눈이 빠져라 먼 곳을 바라보며 아침부터 저녁까지 기다리고 있고, 친구는 그림자도 찾아볼 수 없었다.

밤의 장막이 점점 깃들자 먼 곳에 검은 그림자 하나가 나타났고, 곧 문 옆에 있던 개가 짖어대기 시작했다. 문 앞에 나타난 범식은 무척이나 고생한 듯한 모습이었지만 옛 친구를 다시 만나니 두 사람의 기쁨은 이루 말로 표현할 수 없었다.

장소의 모친은 너무나도 믿기지 않는 일이라고 생각하며 아들과 함께 감격에 젖어 눈물을 흘리며 말했다. "네가 이처럼 신용이 두터운 친구를 사귈 수 있는 것은 일생에 행운이구나!"

장소가 말했다. "범식은 한 번도 경솔하게 약속을 한 적이 없으며, 사실보다 과장해서 말한 적도 없습니다. 그는 한 번 입 밖에 낸 말은 반드시 지키는 군자로, 그것이 제가 이처럼 그를 신뢰하는 이유입니다." 범식이 정성을 다해 약속을 지킨 고사는 후세로 널리 전해졌다.

'말은 반드시 신용이 있어야 하고, 행동은 과단성이 있어야 한다.'는 것은 능력 있는 사람이 반드시 갖추어야 할 자질 중 하나이다. 대범하고 탁월한 지도자는 모두 자신의 말에 독특한 매력을 갖고 있으며, 앞뒤가 서로 모순되는 행동으로 명예에 오점을 남기는 일이 절대 없다.

범식은 최선을 다해 약속을 지켜 사람들로부터 존경을 받았고, 세상 사람들은 그를 모범으로 삼았다. 한 사람이 '자신이 한 말은 반드시 행동으로 옮기고, 행동으로 옮기면 반드시 완수하는' 인품을 갖추고 있으면 반드시 진정한 성공을

거둘 수 있다. 왜냐하면 사람들은 이미 그의 인품에 감복하여 그가 하는 어떠한
일에 대해서든 도움을 주려 하기 때문이다.

✛

열심히 배우는 것은 봄날의 싹과 같으니

도연명陶淵明은 화려한 성공과 높은 자리, 많은 봉록의 무상함을 꿰
뚫어 보고는 벼슬을 버리고 은둔하여 조용한 마을을 찾아 유유자적
한 전원생활을 했다.

인근에 살던 일부 서생들은 명성이 대단한 도연명이 근처에 살고
있다는 소문을 듣고는 매우 흥분했다. 그들은 도연명이 뛰어난 학식
과 경륜을 갖고 있기 때문에 분명 학문적으로 특별한 기교가 있을 것
이라고 생각하고는 도연명이 살고 있는 곳을 수소문하여 그에게 학
문에 대한 가르침을 받고자 했다.

도연명을 만나자 그들은 공손하게 스승과 제자의 예를 갖추었고
그 중 한 사람이 겸손하게 물었다. "저희들은 오래전부터 선생님의
뛰어난 문학적 재능과 넓은 학식을 익히 듣고 대단히 존경해 왔습니
다. 선생님께서 배우는 데 있어 어떤 지름길이 있는지 알고 계신다면
부디 가르쳐 주십시오."

도연명은 그 말을 듣고는 크게 웃으며 간곡하고도 의미심장하게
말했다. "학문에 어찌 지름길이 있겠는가? 나는 옛날 사람들이 '책

의 산에 길이 있는데 열심히 하는 것이 지름길이고, 학문의 바다는 끝이 없는데 고통으로 배를 삼는다.'라고 말한 것을 들었네. 곧 지식을 얻는 유일한 방법은 열심히 배우고 고생스럽게 익히는 것뿐이라네. 열심히 공부하면 나아가고, 중도에 배움을 그만 두면 퇴보할 뿐이지."

서생들은 그들이 찾아온 목적을 달성하지 못하자, 도연명이 무언가 감추어 두고 자신의 성공에 대한 경험을 다른 사람과 나누려 하지 않는다고 생각했다. 마음속으로 불만을 품은 그들은 '한 시대에 이름난 선비라고 할 수 있는 사람이 어떻게 비결이 없을 수 있단 말인가?'라고 생각했다.

도연명은 그들이 반신반의하는 것을 보고는 대문 밖에 있는 밭으로 나갔고, 서생들도 따라 나왔다. 도연명은 밭에 있는 싹을 가리키며 말했다. "그대들은 이 싹들이 자라는 것이 보이는가?"

서생들은 이리저리 둘러보고는 모두 고개를 저으며 보이지 않는다고 대답했다. 도연명은 또 몸을 돌려 개울가에 놓여 있는 숫돌을 가리키며 물었다. "이 숫돌을 보게나, 중간이 패여 이미 오목하게 들어가 있는데 그대들은 그것이 언제 그런 모양이 되었는지 아는가?"

서생들은 다시 고개를 저었다. 도연명은 계속 말했다. "밭에 있는 싹들은 사실 매일 자라지만 우리가 눈으로 볼 수 없을 뿐이고, 개울가의 숫돌은 매일 깎여 나가지만 우리가 알아채지 못할 뿐이라네. 학문을 하는 것도 이와 똑같은 것이지. 하루아침에 이루어지는 것이 아니니 경솔해서는 안 되네. 매일 조금씩 수확이 있고, 그것이 쌓여 간다면 크게 발전할 수 있으니 절대 하루 이틀에 금방 효과를 보려 해서는 안 되네. 똑같은 이치로, 만약 조금이라도 나태해지면 지식은 숫돌과 같이 금방 닳아 없어질 것이네. 그대들이 절대 경솔하지 않고 착실히 배워간다면 반드시 이루는 바가 있을 것이야.”

이 말은 매우 일리가 있었기 때문에 서생들은 모두 마음속으로 탄복해 고개를 끄덕였다. 그리고는 약속이나 한 듯이 도연명에게 간청했다. “저희들이 항상 가슴에 담아두어야 할 금과옥조와 같은 한 마디 말을 글로 써 주십시오.”

그러자 도연명은 잠시 생각하고는 붓을 들어 아래의 글을 써 주었다.

부지런히 배우는 것은 봄날에 피는 싹과 같아서
자라는 것이 보이지 않지만 날마다 자라는 바가 있고,
배움을 그치는 것은 칼을 가는 돌과 같아서
깎여 나가는 것이 보이지 않지만 날마다 줄어드는 바가 있다.

勤學如春起之苗 不見其增 日有所長,
輟學如磨刀之石 不見其損 日有所虧.

일을 하려면 근면과 성실을 바탕으로 착실히 해야 하며, 견실하게 기본을 잘 쌓아야 한다. 경박한 마음으로 서두르면 원하는 일을 이루기 힘들며, 한 걸음씩 나아가고 한 계단씩 올라야만 더욱 멀고 높은 곳에 닿을 수 있다.

✣

떠나고 머무르는 것에 뜻을 두지 않다

천보天寶(당나라 현종의 연호—옮긴이) 원년, 이백李白이 과거科擧를 보던 때의 이야기다. 당시 과거의 책임자는 조정의 태사太師 양국충楊國忠이었고, 감독관은 태위太尉 고력사高力士였는데, 많은 수험생들이 서로 두 사람에게 예물을 보내 잘 보이려고 했다. 그 둘은 재물을 좋아하기로 유명해서, 선물을 보내지 않거나 아부를 잘 하지 못하면 학식이 아무리 출중하고 재능이 뛰어나도 과거에 합격할 수가 없다는 소문이 파다했다. 그러나 '권력에 아부하는 것을 못마땅하게 여기던' 이백은 이러한 것을 믿지도 않았고, 또 그렇게 할 필요도 없다고 생각했다.

글짓기에 막힘이 없던 이백은 과거장에서 단숨에 붓을 들어 답을 쓰고는 답안지를 제출했다. 이백의 이름을 본 양국충은 자신에게 한 번도 예물을 보낸 적이 없다는 사실에 화가 났다. 그래서 "이 사람은 나에게 먹이나 갈아주면 딱 어울리겠군."이라며 비웃었다.

고력사도 역시 조소를 보내며 말했다. "먹을 가는데 그를 뽑을 필요가 있습니까? 제가 보기에는 옆에서 제 신을 벗겨주는 사람으로 쓰면 적합할 것 같습니다." 아직 과거장을 빠져나가지 않았던 이백은 두 사람의 대화를 듣고는 매우 기분이 나빴다. 이백이 과거장을 나가지 않자 갑자기 고력사가 다가오더니 그를 과거장 밖으로 내쫓아 버렸다.

　이백은 당연히 낙방했다. 1년 뒤 어느 날 현종이 외국 사신이 보내온 국서 한 통을 받고 양국충에게 큰 소리로 읽도록 했으나, 편지를 뜯어보고서 말문이 막히고 말았다. 편지에는 온통 뜻 모를 그림 같은 글자만 빽빽이 적혀 있어서 단 한 줄도 읽을 수 없었다. 국서는 결국 온 조정의 문무백관들에게까지 내려갔지만 누구하나 아는 사람이 없었다. 현종은 탁자를 치며 격노해서 말했다. "아무데도 쓸모없는 것들이구나! 누구하나 나를 제대로 보좌해줄 사람이 없단 말인가! 그대들에게 3일 동안 시간을 주겠다. 그 안에 뜻을 풀지 못한다면 모두 파면될 것이니, 처분을 기다리라!"

　문무관원들은 분주히 외국 글을 읽을 수 있는 학식 있는 선비를 찾아다녔다. 이때 어떤 사람이 이백을 추천했고 현종은 즉시 사람을 보내 입궁토록 했다. 이백은 황제로부터 편지를 받아들고서 힐끗 한번 훑어보고는 냉소하며 말했다. "이는 번국番國(오랑캐 나라―옮긴이)이 우리 당나라를 위협하는 서신입니다. 만약 고구려의 176개 성을 내어주지 않으면 당장에 전쟁을 일으킬 것이라는 내용입니다."

　현종은 이 말을 듣고, 급히 대신들을 모아 대책을 논의하는데, 일부 대신은 당황하여 어찌할 바를 몰라 했다. 현종은 눈앞에 기개가 비범한 이백을 보고는 물었다. "그대에게 무슨 좋은 계책이 있는가?"

　이백은 이미 마음속에 계책이 서 있는 듯 말했다. "이런 문제는 별로 어려울 것이 없습니다. 제가 편지를 한 통 써 보내면 전쟁은 일어나지 않고 오히려 번국이 투항해 올 것입니다."

　현종은 뜻밖의 대답에 대단히 기뻤다. 생각지도 않던 이백에게 종이 한 장으로 쉽게 나라의 걱정거리를 해결할 수 있다는 말을 듣고는 당장 명했다. "그대는 학식이 넓고, 또한 오늘 짐의 걱정을 덜어주었으니 한림학사翰林學士의 벼슬을 내리노라." 그리고 성대한 연회를 열어 이백을 대접했다.

이튿날, 이백은 다시 궁에 들어가 조서詔書를 썼다. 이때 양국충과 고력사가 문무관의 윗자리에 있는 것을 보고는 과거를 볼 때 비웃음을 당한 것이 생각나서 현종에게 물었다. "작년에 신이 과거에 응시했을 때, 양 태사와 고 태위 두 사람이 저를 낙방시켰고, 저를 비웃었습니다. 저는 아직도 과거의 결과를 인정할 수 없습니다. 두 사람이 아직도 높은 자리에 있는 것을 보니 미천한 신에게 무리한 부탁이 한 가지 있습니다."

현종은 온통 국가의 위험을 어떻게 없앨까 하는 생각에만 몰두해 있었으므로 한 치의 고민도 없이 당장 대답했다. "내가 할 수 있는 일이라면 그대가 어떠한 요구를 하더라도 모두 들어줄 것이다."

"신은 성상께서 양국충으로 하여금 저를 위해 먹을 갈도록 명하시고, 고력사에게는 저의 신을 벗겨 잘 보관하게 하도록 명할 것을 청합니다. 그래야만 제가 평온한 마음으로 글을 쓸 수 있을 것 같습니다." 말을 마치고 양국충과 고력사를 쳐다보니 두 사람은 이빨을 꽉 깨물며 분을 참지 못했다.

그러나 현종은 눈앞에 닥친 위험에서 벗어나는 것이 급했기에 이백의 말에 따르도록 명을 내렸다. 양국충은 얼굴색이 붉으락푸르락했지만 억지로 화를 참으며 먹을 갈았고, 두 손으로 벼루를 바쳐 들었다. 고력사도 함부로 하지 못하고 공손하게 옆에 꿇어 앉아 이백의 신발을 조심스럽게 벗겨 들었다. 이백이 쓴 조서는 준엄하면서도 구구절절 정곡을 찔렀다. 외국 사신은 그것을 보고는 탄복하며 자신의 어리석음을 거듭 사죄하고 결국 도망치듯이 떠나버렸다.

현종은 이 일이 있고난 후, 이백을 매우 총애하여 많은 재산과 높은 벼슬자리를 하사했고, 이백은 궁중에서 단숨에 높은 자리에 올라 자신이 바라던 뜻을 이루었다. 그러던 어느 날 스스로 현종에게 상소를 올려 벼슬자리에서 내려 올 수 있도록 해달라고 간청했다. 궁을 떠난 후 이백은 벽촌 시골마을의 한가한 학이 되어, 훌륭하고 웅장하며 아름다운 시를 많이 남겼다.

영예를 얻고 총애를 받든지 아니면 업신여김이나 모욕을 당하든지, 이백은 '영화와 욕됨에 놀라지 않으며 뜰 앞 꽃이 피고 지는 것을 한가롭게 바라보고, 가고 머무는 것에 뜻을 두지 않으며 무심히 하늘 밖에서 구름이 일고 스러짐에 따름'이라는 마음을 실천 할 수 있었다. 영화와 욕됨에 놀라지 않아야 비로소 마음이 편하고 소탈할 수 있다. 처세가 너무 곧으면 고집스럽게 될 수 있고, 너무 원만하면 겁이 많고 나약하게 될 수 있다. 이백의 낭만과 소탈함은 바로 이 두 가지를 적절히 조화시켜 이룬 것이다.

소중히 간직한 지팡이

당나라 때 재상 이덕유李德裕는 절강浙江 일대에서 두 차례 벼슬자리를 한 적이 있다. 거기에 감로사甘露寺라는 사원이 하나 있었는데, 맑고 깨끗하며 그윽하기로 소문이 나 많은 사람들이 그 명성을 선모羨慕하여 찾아왔다.

이덕유는 불경에 깊은 흥미를 갖고 있어서 첫 번째 임기가 끝났을 때 그곳을 유람했다. 그를 맞이한 사람은 절의 한 노승으로, 그 스님은 말에 거침이 없었고 경문을 해석하는 데도 상당히 능했다. 이처럼 경문에 대해 높은 식견을 가진 사람은 만나기 어려웠기 때문에 이덕유와 스님은 쉽게 의기투합할 수 있었다. 노승은 불경과 관련된 것이라면 무슨 문제든지 유창하게 대답했고, 또한 속세의 번다한 일에 대해서도 모르는 것이 없었다. 금방 네 시간이 흘렀고, 이덕유는 속으로 아주 기뻤다. 앞에 있는 노승은 말투가 저속하지 않고, 학문이 심오하며, 교양이 풍부하여 존경의 마음이 저절로 생겨났다. 그는 예를 갖추어야겠다고 생각하여 헤어질 때 노승에게 특별한 예물을 선물했다. 비록 보잘 것 없는 지팡이 하나였지만 보통의 나무가 아니라 매우 귀한 공죽筇竹(사천성四川省 공래邛崍에서 나는 대나무로, 지팡이 만들기에 적합하다―옮긴이)으로 만든 것이었다. 그 지팡이는 외형이 매우 특이하여 대나무 자체가 둥글지 않고 네 모서리의 각진 형태로 되어 있을 뿐만 아니라, 손을 위로 잡도록 되어 있었다. 사람의 솜씨가 아닌 대자연이 만들어낸 걸작이었다. 대나무 마디의 사면에는 아주 작은 죽순껍질이 자라 있고, 한 줄씩 가지런하게 나와 있었다. 어떤 조각의 흔적도 없지만 매우 고상하며 특별한 풍취가 있었다. 이덕유는 그것을 참으로 가슴아파하며 선물로 건넸다. 그 지팡이는 그가 제일 아끼는 보배 중 하나로, 만약 노승에 대한 자신의 경모敬慕의 정을 나타내기 위한 것이 아니었다면 아마도 황제가 요구해도 주기 아까웠을 것이다.

후에 이덕유가 다시 절강으로 부임을 받아왔다. 여러 해 동안 떠나 있던 곳으로 돌아온 그는 감개무량했다. 감로사를 지나갈 때, 존경스럽던 노승과 아끼던 대나무 지팡이가 생각나 잠시 머물기로 결정하였다.

그 노승은 이덕유가 왔다는 소식을 듣고는 동자승의 부축을 받으며 마중을 나왔다. 차를 따르는 동자승의 옆에 앉아 두 사람은 서로의 안부를 물었다. 그리고 이덕유는 조급하게 자신이 주었던 지팡이에 대해 물었다. 노승은 얼굴에 감격스러운 표정을 지으며 다정하게 말했다. "나리께서 귀하게 여기시던 것을 줄곧 잘 보관하고 있습니다. 지금 제 다리가 불편하지만 감히 꺼내 쓰기가 아까워 사용을 못했습니다." 그리고는 옆에 있는 동자승에게 말했다. "곁채에 가서 물건을 넣어두는 상자 안에 있는 지팡이를 꺼내오너라."

오랫동안 자신이 아끼던 보물을 보지 못했던 이덕유는 마음속으로 흥분하여 잔뜩 기대하고 기다렸다. 그러나 막상 자신의 앞에 놓인 지팡이를 보았을 때, 아연실색하고는 크게 실망했다. 본래 완벽하게 자연스러웠던 지팡이는 그 옛 모습을 완전히 잃고 있었다. 네 모서리로 되어있던 대나무 지팡이가 손상되어 전혀 특색 없는 둥근 모양이 되어있었다. 아마도 그 노승이 벌레 먹는 것이 두려워 지팡이에 특별히 두터운 칠을 입힌 듯했으며, 그로인해 자연이 만들어 낸 대나무의 특징은 어디에서도 찾아볼 수 없었다.

사람은 잘못을 범하는 것을 피할 수는 없으며, 항상 표면적 현상에 미혹된다. 그러나 겉으로 예절바르고 큰소리치는 사람이 모두 진정으로 재주와 학문이 있는 것은 아니며, 또한 사람들의 존중을 받을 수 있는 것도 아니라는 점을 반드시 알아야 한다. 내재된 충실함이 있는 사람이라야 오랫동안 존경과 찬양을 받을 수 있다.

✦

비飛·봉鳳·가家 자字를 잘 쓰다

'안유顔柳' 란 당나라 때 유명한 서예가 유공권柳公權과 안진경顔眞卿을 함께 일컫는 말이다. 그만큼 그들의 서법은 각기 뛰어난 장점을 갖고 있으면서도 하나 같이 훌륭하여 후세에 깊은 영향을 끼쳤다.

그러나 유공권은 아주 어렸을 때 서예에 대해 너무 재주가 없어서 그 스승과 부친이 항상 걱정하며 자주 그를 나무랐다. 어느 정도 자라자 유공권 자신도 이를 부끄럽게 여기고는 글자를 잘 쓰려고 밤낮을 가리지 않고 열심히 노력했다. 그리하여 열 살이 넘어서면서부터 서예에 다른 사람보다 뛰어나게 되었고, 나이가 어린 유공권은 점점 자신이 대단하다고 생각하게 되었다.

하루는 소년 유공권이 문 옆에 있는 큰 뽕나무 아래에서 계속해서 '비飛', '봉鳳', '가家'라는 글자를 연습했다. 서법에 관한한 누구나 인정하는 신필神筆마저도 '비·봉·가', 이 세 글자는 쓰기 어렵다는 말이 있을 정도로 매우 까다로운 글자였다. 유공권은 몇 번이고 연습한 뒤에 스스로 대단히 만족해서 종이 한 장을 꺼내 '비봉가 자를 잘 쓸 수 있기에 감히 다른 사람 앞에서 자랑하네.[會寫飛鳳家, 敢在人前誇]' 라는 열 글자를 쓴 뒤 나무에 붙였다.

두부 파는 한 노인이 유공권의 허풍 섞인 글을 보고는 아이가 아직 어리고 성미가 급하다고 생각했다. 그는 수염을 만지며 잠시 동안 깊이 고민하고는 미간을 찡그리고 고개를 흔들며 말했다. "네가 쓴 글자는 아직 멀었어. 네가 한 번 보아라. 글자들에 내가 파는 두부처럼 전혀 힘이 없잖아. 그런데도 넌 뭘 그렇게 자랑하고 싶은 게냐?"

유공권은 그 말을 듣자 기분이 상하고, 자신이 남보다 못하다는 것을 인정하기 싫어서 대답했다. "이 부근에 나보다 글자를 잘 쓰는 사람이 없고, 다른 사람들도 모두 내가 글자를 잘 쓴다고 칭찬하는데 당신은 왜 인정하지 않는 것입니까?"

노인은 의미심장하게 말했다. "내가 길게 얘기할 필요도 없다. 기회가 있다면 네가 직접 화원현華原縣에 있는 자화탕字畵湯이란 사람을 찾아가 보거라." 이 말을 남기고 노인은 떠나버렸다.

유공권은 자신보다 더 실력 있는 사람이 있다고는 믿지 않았다. 날이 밝자마자 자화탕이 도대체 어떤 사람이고 얼마나 능력이 있는지 보기 위해 화원현으로 찾아갔다.

화원현 성문을 들어서자 '자화탕'이라는 글자가 쓰여 있는 흰 천이 큰 홰나무에 걸려 있는 것이 보였다. 나무 밑에는 양팔이 없는 바싹 마른 노인이 발로 글자를 쓰고 있었다. 얼핏 보아도 무슨 귀신처럼 붓을 놀리는데, 쓰는 글자마다 마치 용이 날아다니고 봉황이 춤을 추는 듯하여 빙 둘러 구경하던 사람들이 연신 박수를 치며 환호했다.

유공권은 겉보기에만 그럴듯했을 뿐이며 실제로는 많이 모자란 실력으로 터무니없이 스스로 천하제일이라고 생각했던 일이 떠올랐고, 그때서야 깊은 깨달음을 얻었다. 그는 노인 앞에 무릎을 꿇고 자신을 제자로 거두어 줄 것을 간청했다. 노인이 대답했다. "나는 이미 나이가 많고 학생을 가르칠 힘이 없으니 집으로 돌아가거라."

유공권이 다시 간절히 청하자 마침내 노인이 말했다. "이렇게 하자. 내가 너에게 두 가지를 일러 주겠다. 네가 진정으로 내 말에 따라 한다면 반드시 이루는 바가 있을 것이다." 말을 마치고 자화탕은 땅에 큰 종이를 한 장 깔고, 오른발로 다음과 같은 글을 적었다.

여덟 항아리의 물을 다 써, 벼루를 연못처럼 검게 물들이고,
백가의 장점을 널리 취하여, 마침내 용과 봉이 나는 듯한 글자를 얻었네.

寫盡八缸水, 硯染滂池黑.
博取百家長, 始得龍鳳飛.

유공권은 노인의 글을 마음속 깊이 새기고 공손히 절한 뒤 집으로 돌아왔다. 그 후로 더욱 글자 연습에 매진하여, 안진경 서체의 풍요로움 뿐 아니라 구양수 서체의 부드러움을 배웠으며, 자화탕의 분방함과 관각체館閣體(도서를 관리하거나 국사를 편찬하던 관청이나 과거장에서 유행하던 서체를 가리킨다─옮긴이)의 수려함도 익혔다. 그는 또한 사람들이 소나 양을 도살하는 장면을 보고 동물의 골격 구조를 관찰했으며, 하늘을 나는 기러기나 강에서 헤엄치는 물고기를 살펴보며 자연계의 다양한 모습을 서법예술에 적용했다. 그러한 노력을 통해 유공권은 마침내 한 시대를 대표하는 대가가 될 수 있었다.

유공권은 후에 "그때 내가 두부 파는 노인을 만나지 못했다면 아마 스스로 오만방자함에 빠져버렸을 것이다."라고 말했다.

여러 가지 장점을 널리 받아들여야 선하고 아름다워질 수 있으며, 선하고 아름다워야 훌륭한 인재가 될 수 있다. 오만 방자하고 자신의 부족함을 모르면 그나마 있던 재주마저 없어질 수 있으며, 발전을 이룰 기회를 영원히 가질 수 없다.

⚜

활자 인쇄술

송나라 때 조판 인쇄술이 대단히 유행했는데, 항주杭州 서산西山에 탁월한 조판 기술자가 있었다. 글자를 새기는 기술이 워낙 뛰어나서 식견이 있는 사람이라면 모두 칭찬을 아끼지 않았고, 모두들 그를 '신도왕神刀王'이라 불렀다. 그렇지만 그는 성격이 괴팍하여 자신의 기술을 남에게 전해주는 것을 싫어했으며, 많은 사람들이 그를 찾아와 스승으로 모시고자 했으나 한번도 받아들인 적이 없었다.

그런데 뜻밖에도 말년에 가난한 평민 한 명을 제자로 받아들였으니, 그가 바로 후에 활자 인쇄술을 발명한 필승畢昇이다. 필승은 부지런히 배우고 묻기를 좋아하며, 성실하게 일을 잘해서 신도왕에게 3년을 배우자 마치 날아다니는 것처럼 칼을 다루었고, 스승도 특별히 그를 아꼈다.

하루는 신도왕이 진晋나라 때의 서예가 왕희지王羲之의 『난정서蘭亭序』를 조각하고 있었고, 필승은 옆에서 묵묵히 그것을 지켜보고 있었다. 신도왕은 나이가 많았지만 눈이 예리하고 손의 힘이 매우 좋아 조금도 떠는 법이 없었다. 필승은 그 모습에 도취되어 모든 것을 잊은 듯이 바라보았다. 쥐가 날 정도로 목을 빼고 집중했기에 너무 힘이 들었던 필승은 자세를 바꾸려다 그만 실수로 스승의 팔뚝을 건드리고 말았다. 그때 스승은 마침 제일 마지막 줄의 '사斯'자를 새기고 있었는데, 필승의 실수로 인해 글자가 부서지고 말았다. 당시에는 목판을 사용했기 때문에 한 글자라도 잘못되면 전부 새로 새겨야 했다.

스승은 필승에게는 매우 인자하여 한 마디도 질책하지 않았지만, 연로한 스승이 어두운 등불 아래에서 한 글자 한 글자씩 처음부터 다시 새기는 것을 본 필승은 참으로 마음이 아팠다. 자신의 잘못 때문에 오랫동안 심혈을 기울이며 땀 흘린 노력이 물거품이 되었으니, 침착하지 못했던 자신의 행동을 깊이 후회하며 남몰래 스스로를 원망했다. 그날 저녁 이후로 필승은 잠을 잘 이루지 못하고 다른 새로운 방법이 없는지를 고민했다.

하루는 그가 물건을 사러 시장에 갔을 때, 한 화공畵工이 다른 사람에게 그림을 그려주는 것을 보았다. 화공은 그림을 다 그리고 나서 낙관을 찍기 위해 대여섯 개의 도장을 펼쳐놓았다. 원래는 한번에 도장을 하나씩 찍어야 하지만 화공은 아예 도장을 전부 하나로 묶어 그림에 찍었다.

필승은 한참 동안 흥미롭게 지켜보다가 갑자기 영감이 떠올랐다. 신바람이 나서 집으로 돌아온 그는 자신이 머릿속으로 생각하던 방법을 실행에 옮기기 시작했다.

그는 점토를 사용하여 네모난 덩어리를 여러 개 만들고 그것이 다 마르자, 하나하나에 거꾸로 글자를 새겼다. 그리고는 다시 불 속에 넣어 그 점토들을 구운 뒤, 일정한 순서에 따라 둥근 나무 격자 안에 잘 고정시켰다. 이렇게 하면 하나의 점토 덩어리를 반복해서 여러 번 사용할 수 있으며, 또한 글자별로 뽑아 사용하는 데도 편리했다. 이전의 조판 인쇄와 비교하면 공정이 간단할 뿐만 아니라 시간도 훨씬 절약되고, 게다가 점토만 있으면 쉽게 만들 수 있었다. 이 방법은 매우 빠르게 보급되었고 중국 전통의 조판 인쇄에 혁신을 가져왔다. 그 후 신형 활자 인쇄술은 해외까지 전파되어 세계 문명의 진보에 큰 공헌을 했다.

성공과 발명이라고 말할 만한 것들은 모두 조그만 것에서부터 시작되었다. 자신의 잘못에 대해 과감하게 책임을 지고 깊이 분석하여 깨달음을 얻는다면 더 이

상의 실패는 피할 수 있으며, 성공은 그때 조용히 다가온다.

⚜

궁녀를 하사하여 태자를 정하다

남송시기, 송나라 고종高宗은 말년에 기력이 쇠하자 마음속으로 '나라에 하루라도 임금이 없어서는 안 될 터인데, 어느 날 갑자기 내가 죽는다면 온 세상이 혼란에 빠지지 않을까.'라는 긱징을 하여 조금이라도 머리가 맑은 지금 태자를 세우기로 결심했다.

그는 고민 끝에 두 사람을 고르게 되었고, 그 둘은 각기 뛰어난 장점을 갖고 있었다. 바로 그런 이유 때문에 고종은 쉽게 결정을 내릴 수가 없었다. 한 명은 은평왕恩平王 조거趙璩이고 다른 한 명은 훗날 효종孝宗인 조신趙愼으로 은평왕은 기지가 풍부하고 계산이 빠르며 꾀가 많아 고종의 부인, 즉 헌성황후憲聖皇后 의 극진한 총애를 받았다. 조신은 기백이 당당하고 총명하며, 무예에 뛰어나고 성격이 강직했기 때문에 고종이 그를 매우 좋아하여 마음속으로 태자로 세우려고 생각했다. 태자를 선택해야 할 시기가 다가오자 헌성황후와 재상인 진회秦檜는 은평왕을 태자로 세울 것을 건의했다. 그러나 고종은 성격이 강직한 조신이 황제가 된다면 진회가 자신의 입지가 좁아질까 두려워서 은평왕을 태자로 세우려고 한다는 사실을 알고 있었기에 그들의 건의에 동의하지 않았다.

고종은 황후와 진회의 의견을 무조건 무시할 수도 없었으므로 고민 끝에 한 가지 계획을 세웠다. 지금으로서는 둘 중 누가 송나라의 사직을 잘 지킬 수 있는 현명한 황제가 될 수 있을지 분명히 알 수 없기 때문에 직접 그들의 품행을 살펴보고 태자를 세우기로 결심했다. 이렇게 하면 그들의 진면목을 살펴볼 수 있을 뿐만 아니라, 두 사람 모두에게 공정한 기회를 줄 수 있다고 생각했다.

하루는 고종이 조거와 조신을 불러 말했다. "최근 줄곧 국사에 바빠서 너희들에게 관심을 많이 갖지 못했구나. 듣자하니 너희들이 부리는 시녀가 부족하다고 하던데, 특별히 각자에게 열 명의 궁녀를 하사하려고 한다. 이렇게 하면 부족한 인원을 굳이 민가에 가서 징발하여 쓸 필요가 없지 않겠는가?"

두 사람은 감사를 표하고, 각자 자신에게 하사된 궁녀를 데리고 돌아갔다.

한 달 후, 고종이 갑자기 조거와 조신을 불러 말했다. "지난번에 그대들에게 하사한 궁녀들을 다른 곳으로 보낼 필요가 있으니 모두 돌려주었으면 한다. 한 명도 빠져서는 안 될 것이다."

궁녀들이 모두 궁으로 돌아온 후, 고종은 사람을 시켜 그 스무 명의 궁녀를 조사했다. 결론적으로 조거에게 하사되었던 궁녀 열 명은 모두 모욕을 당했지만, 조신의 궁녀들은 아무런 해도 입지 않았다. 고종은 이 보고를 듣고서 자신도 모르게 안도의 숨을 쉬었다. 은평왕이 이처럼 방탕하다니! 만약 그가 황제의 자리에 앉게 된다면, 하루 종일 여색에 빠져서 어떻게 국가 대사를 돌보겠는가? 고종이 그나마 위안으로 삼은 것은 조신이 세속에 물들지 않고 스스로 절제했다는 것이다. 그는 황후와 진회의 말을 듣지 않은 것이 다행이라는 생각을 하면서 안심하고 조신을 태자로 세웠다.

사람들은 자신의 목적을 달성하기 위해 선량한 모습으로 가장하여 남을 속일 수 있다. 만약 이러한 위선에 대해 경계심이 부족하면, 이미 위험에 빠진 것을 스스로도 알지 못할 것이다. 겉모습만으로 사람을 판단하는 것은 어리석으며, 그 사람의 마음속 인격이 어떤지를 정확히 아는 것이 중요하다. 또한 스스로도 세속에 물들지 않고 자신을 잘 돌보아야 남들에게 믿음을 줄 수 있다.

✤

공자가 배움을 권하다

공자의 제자 자로子路는 성이 중仲, 이름이 유由로 항상 공자를 따라 열국列國을 다니며 안전을 책임졌다. 자로는 용맹하고 동작이 기민할 뿐만 아니라 풍채가 당당하고 멋스러워서 공자를 옆에서 모시고 있으면 저절로 사람들이 두려워했으며, 아무리 교활하고 흉악한 사람이라도 공자 앞에서 나쁜 마음을 먹지 못했다. 자로가 공자를 모신 후로는 어떠한 해도 입은 적이 없었다.

하루는 공자가 옆에서 지키고 있는 자로에게 물었다. "중유야. 이렇게 오랜 시간 동안 너하고 같이 지냈지만 네가 무엇을 좋아하는지 모르겠구나. 너는 어떤 취미를 갖고 있느냐?"

자로가 대답했다. "제가 제일 좋아하는 것은 긴 검을 차는 것입니다. 검을 차면 저의 모습이 한층 더 멋있어 보입니다. 그 보다 더 즐거운 것은 없습니다."

공자는 미간을 약간 찡그리며 다소 불만인 듯이 계속 물었다. "그렇다면 배우는 것은 어떠냐? 너는 배우는 것이 즐거움 중의 하나라고 생각지 않느냐?"

자로는 무지하게 반문했다. "배움 말입니까? 저는 그것이 크게 좋다고는 한 번도 생각해본 적이 없습니다."

공자는 한숨을 내쉬고는 천천히 말했다. "배움과 지식이란 눈에 보이지는 않지만 그 힘은 거대한 것이다. 한번 생각해 보거라. 한 국가의 군주는 간언하는 신하의 보좌가 있어야 나라를 흥성하게 할 수 있고, 보통 사람은 사리를 분명히 판단할 줄 아는 친구가 자신의 과오를 일깨워 줄 수 있어야 스스로를 발전시킬 수 있다. 사람이 세상을 살아가는 데 부단히 다른 사람에게 배우고, 의견을 들어야만 여러 가지 장점을 받아들일 수 있다. 진정한 군자는 배움을 좋아하고 여러 사람의 의견을 모아 더 큰 지식을 얻으므로 지혜가 풍부하고 계략이 많게 되어 모든 일을 순조롭게 풀어갈 수 있다. 반대로 배우는 것을 좋아하지 않는 사람은 자신만 옳다고 생각하여 인덕을 쌓지 못하고, 학문이 높은 사람에 대해 공연한 질투만 생기게 된다. 이것은 스스로를 퇴보시키고 있는 것과 다를 바 없으니, 배우지 않으면 곧 뒤떨어진다는 것을 알아야 한다."

자로는 인내심을 갖고 공자가 이야기하는 큰 도리를 다 들었다. 스승의 말이 끝나자, 그렇게 생각하지 않는다는 듯이 반박하여 말했다.

"제 생각에 모두 그렇지는 않은 것 같습니다. 선생님, 남산에 있는 대나무를 한번 보십시오. 아무도 키우지 않았는데도 똑같이 곧게 자라지 않습니까? 뿐만 아니라 이 대나무를 사용해서 만든 화살도 역시 똑같이 가죽을 뚫을 수 있지 않습니까? 이는 많은 일들이 배우지 않고 지식이 없어도 매우 훌륭하게 이루어질 수 있다는 것을 보여주는 것입니다!"

공자는 자로가 여전히 자신의 생각만 믿고 복종하지 않을 뿐만 아니라 생트집을 부리고 있는 것을 보고는 화가 나기도 하고 가소롭기도 했다. 자로의 말이 끝나자 다시 물었다. "그럼 다른 것은 말하지 말고 그 화살에 대해 얘기해보자. 만약 대나무 화살을 하나 뽑아 더 날카로운 화살촉과 새로운 깃털을 다는 등 잘 손질한다면 그 화살의 위력은 더욱 커지지 않겠느냐? 너는 어떻게 생각하느냐?"

자로는 잠시 동안 말을 잇지 못했다. 공자는 그 모습을 보고 말했다. "한 사람을 보는 데 외모만 가지고 판단할 수는 없다. 겉은 번지르르 하지만 속은 텅 비어있는 사람도 있고, 외모는 평범하지만 속은 오히려 알찬 사람도 있다. 전자는 보기에는 좋지만 천한 기운이 흐르고, 후자는 사람들의 마음을 즐겁게 하고 존경을 받게 된다. 배움이라는 것이 한 사람에게 얼마나 중요한 것인가를 알 수 있지 않겠는가!"

자로는 마음속으로 진심으로 승복하며 공자에게 말했다. "반드시 선생님의 가르침을 새겨두고 기억하겠습니다."

민간 속담에 '배움의 길은 끝이 없다.'는 말이 있다. 이것은 매우 일리 있는 말이다. 사람의 일생은 매우 짧지만 배워야 할 것들은 무궁무진하다. 배움은 사람에게 굳은 의지와 높은 품격을 갖게 해준다. 사람이 배우지 않고 겉모습에만 치중하면 단지 아름다운 외모만 있을 뿐 깊이 있는 내용이 없으며, 저속한 쪽으로만 흐르게 된다.

✛

깊이 감추고 드러내지 않다

전국戰國시대는 사회적으로 다양한 사상이 활기를 띠었던 백가쟁명百家爭鳴의 시기였다. 그 중에 양자楊子라고 불리는 사상가는 철저한 개인주의 철학으로 당시에 커다란 반향을 불러일으켰다. 그는 기개와 도량이 비범하고, 남들과 다른 풍운아적인 기질을 갖고 있었다.

그러나 그에게는 나름의 고민이 있었으니, 여러 사람들로부터 융숭한 대접을 받기는 했지만, 쉽게 남들과 어울리지 못하고 늘 거리가 있었다. 양자가 주막에 가기만 하면 사람들은 공손하게 일어나 맞이하고 주인도 제일 좋은 의자를 직접 닦아 그에게 주었다. 그가 왔다는 소식은 금방 주변에 퍼져서 주막은 사람들로 물샐틈없이 들어차고 밖에서라도 그의 모습을 보기 위해 인산인해를 이루었다.

이렇듯 양자는 많은 사람들에게 관심은 받았지만, 그들과 진정으로 어울리지는 못했기 때문에 늘 깊이 고민했다. 또한 이러한 자신의 고민을 드러내거나 다른 사람들에게 이야기하지 못했다. 그는 노자老

47

子를 찾아가 그에게 가르침을 받기로 결심했다. 여기저기를 돌아다니며 학문을 가르치는 노자가 마침 진秦나라로 가는 길이라는 소식을 들은 양자는 진나라로 가기위해서 반드시 거쳐야 되는 대량이란 곳에서 그를 기다렸다.

대량에 이른 노자는 멀리 있는 양자를 발견했다. 양자가 입을 열기도 전에 노자는 하늘을 쳐다보며 한숨을 쉬었다. "전에는 그대를 특별히 좋게 보아 전도가 양양하고 반드시 크게 쓰일 데가 있을 거라고 생각했었지만, 지금 보니 내가 잘못 생각했었네."

양자는 노자의 그 말뜻을 전혀 이해하지 못하고 잠시 멍하니 서 있다가, 결국 노자에게 간곡히 가르침을 청했다. "저에게 가르침을 주신 것에 깊이 감사하지만, 저는 아직 무엇이 부족한지 알지 못하겠습니다. 청컨대 저의 미진한 점을 가르쳐 주십시오."

노자가 대답했다. "군자의 재능과 덕은 항상 밖으로 드러내야 하는 것이 아니며, 진정한 군자는 보기에 약간 우둔해야 하네. 그대는 자신도 모르는 사이에 이미 교만한 분위기를 드러내고 있지 않은가? 단지 자네가 그것을 느끼지 못할 뿐이네. 사람이 자신의 재능을 대놓고 드러내면, 그 순간 어리석은 사람이 되고, 자신도 모르게 욕심이 생기게 되네. 최대한 그런 것들을 버리도록 하게. 스스로 좀 어리석고 더 평범해지면 반드시 달라지는 점이 있을 것이네. 이것이 곧 내가 자네에게 하고 싶은 말이네."

양자가 곰곰이 생각해보니 확실히 자신이 가졌던 고민의 답이 되었기에 기뻐하며 대답했다. "가르침에 감사드립니다. 반드시 가슴 속에 깊이 새겨 항상 명심하도록 하겠습니다."

그날 이후, 양자는 밖으로 드러내었던 날카로움을 거두고 많은 곳에서 자신을 낮추며 일부러 '자신 없는 부분'을 이야기 했고, 스스로의 체면을 깎아내렸다. 후에 사람들은 이처럼 명성이 있는 사상가도 우리와 다를 바 없는 사람이며, 보통 사람처럼 실수를 할 수도 있다고 생각하게 되었다. 그가 다시 그 주막을 찾아갔을 때 손님들은 거리낌 없이 함께 자리를 하고자 했으며, 그를 존경하면서도 농담을 주고받을 정도로 가깝게 대하였다.

겸허는 사람을 발전시키지만 교만은 사람을 후퇴시킨다. 후에 양자가 위대함과 비범함을 모두 몸 안에 감추고 평범한 사람처럼 행동했기 때문에 많은 사람들이 그를 따른 것이다. 때로는 자신의 날카로움을 감추고 교만하거나 조급해 하지 않으며, 스스로 더욱 평범해져야만 평안하고 무사할 수 있고 더 큰 발전을 이룰 수 있다는 사실을 알아야 한다.

✦

관중과 포숙아의 사귐

춘추시대의 관중管仲과 포숙아鮑叔牙는 모든 일을 함께 했다. 장사를 하며 각지를 돌아다닐 때나, 전쟁에 참가하여 생사를 넘나들 때, 후에 제나라 환공桓公 밑에서 벼슬을 할 때에도 늘 같이 있었다. 그 두 사람은 오랫동안 같이 일하면서 마음을 터놓고 우정을 나눌 수 있는 절친한 친구가 되었다.

그들이 함께 장사를 할 때였다. 이익을 계산하여 나눌 때 관중은 항상 포숙아보다 배로 더 가지고 갔지만 포숙아는 그가 욕심 많은 사람이라고 생각지 않았다. 어떤 사람이 너무 불공평한 일이 아니냐고 묻자, 포숙아는 이렇게 말했다. "관중은 결코 재물을 탐하는 사람이 아니오. 그의 집에는 노모가 계셔서 부양해야 하고, 또 가난한 친척들을 도와야 하오. 내 형편은 그에 비하면 훨씬 낫고 당장 급한 돈이 필요한 것도 아니니 괜찮소."

한번은 포숙아가 곤란한 일을 당했을 때 관중이 그를 도와 문제를 해결하려 했지만 결국 일이 더 복잡해지자, 관중은 자책하듯이 말했다. "난 정말 아무 쓸모없는 사람이라 자네를 고생시키기만 하는군!"

주위 사람이 포숙아에게 말했다. "관중이 일을 해결하기는커녕 오히려 더 망쳤구려. 이처럼 어리석은 사람과 계속 사귈 필요가 있습니까?"

포숙아는 웃으면서 대답했다. "비록 일을 제대로 처리하지는 못했지만, 모두 나를 생각해서 한 것이오. 그 일은 확실히 쉬운 일이 아니라서 똑같은 조건이라면 어느 누구도 관중보다 더 잘하기는 어려울 것이오."

관중이 벼슬자리에 있을 때 세 번 관리에 임명되었지만 매번 파면을 당했다. 포숙아가 그때마다 힘을 쓰고 말을 잘해주어 겨우 자리를 연명할 수 있었다. 관중이 곤란을 당하는 것을 고소하게 생각하던 어떤 사람은 포숙아 앞에서 비웃으며 말했다. "당신의 친구는 참으로 쓸모없는 사람이구려. 그렇게 어렵게 벼슬자리를 얻고서는 항상 신임을 받지 못하고 파면되니 참으로 부끄러운 일이 아닙니까?”

그러나 포숙아는 관중을 변호하며 말했다. “관중은 천하의 기재奇才로 누구보다도 재능이 뛰어납니다. 지금 벼슬길이 순조롭지 않은 것은 단지 좋은 기회를 만나지 못했기 때문입니다!”

그들이 함께 전쟁에 나갔는데, 관중은 전투 때마다 매번 군대의 제일 뒤에 서서 앞으로 돌진해 싸우지 못하다가 전쟁이 끝나고 개선할 때에는 맨 앞에 서 있었다. 동행했던 사람들은 모두 그가 소심하다고 비웃었지만 포숙아가 그를 위해 변명했다. “관중은 이름난 효자로 그의 집에는 늙은 모친이 계셔서 돌아가실 때 까지 봉양해야 합니다. 그러니 당연히 목숨을 보존해야 할 것 아니오? 그의 이러한 미덕을 당신들 중에서 누가 따라올 수 있겠소?”

공자 소백小白은 관중에게 ‘잊을 수 없는 원한’이 있었다. 소백은 자신의 형제인 공자 규糾를 죽이고 임금이 되었는데, 포숙아는 오히려 공자 규의 편에 서있던 관중을 제나라의 재상으로 추천했고 자신은 기꺼이 관중의 조역이 되기를 원했다.(포숙아와 관중은 원래 양공이라는 임금의 신하였는데, 양공이 매우 난폭하고 사나운 폭군이여서 조카인 공손무지가 그를 죽이고 나라를 빼앗았다. 그래서 포숙아는 양공의 첫째 왕자인 소백을 따라, 그리고 관중은 둘째 왕자 규를 따라 각각 다른 나라로 망명했다. 여러 해가 지난 후 공손무지가 죽자 두 왕자는 다시 돌아와 왕의 자리를 다투었으며, 결국 첫째인 소백이 왕에 올랐다. 둘째를 따른 관중이 포로의 신세가 되자, 포숙아가 왕에게 간곡히 탄원하여 그의 목숨을 구해주었고 훗날 관중은 재상까지 지냈다—옮긴이)

포숙아는 소백에게 말했다. “관중은 세상을 구하고 바로잡을 수 있는 책략을 갖고 있으니 반드시 전하께서 천하의 패자가 될 수 있도록 도움을 줄 수 있을 것입니다. 청컨대 예전 일은 따지지 마시고 그를 중용하십시오."

관중은 이 말을 듣고 깊이 감격해서 말했다. "나를 낳으신 분은 부모지만 나를 알아준 사람은 포숙아이다. 만약 그가 없었다면 나는 벌써 수전노나 바보, 겁쟁이가 되었거나 죄를 짓고 형장의 이슬로 사라졌을 것이다."

관중과 포숙아의 우정에 관한 일은 아주 오래전부터 전해 내려오며, 어려움을 함께 하는 친구의 전형으로 사람들 사이에 회자되어 왔다. 오늘날까지도 그 둘의 우정에 대한 칭송은 끊이지 않고 있다. 이 고사에서 볼 수 있듯이 자신의 마음을 알아주는 친구는 매우 중요하며 상대방을 더욱 빛나게 한다. 인생에서 자신의 더 큰 잠재력을 발휘하게 만들어 주는 친구를 사귀는 것은 매우 중요한 일이다.

✢

빈틈없이 살피다

춘추시대 관중은 제나라의 재상을 지냈다. 제나라 환공은 그를 매우 신임하여 국가의 대사나 군사적으로 중요한 일이 생기면 항상 그와 상의했고, 그의 의견을 매우 중시했다. 제나라는 관중의 노력으로 나날이 부강해 졌고, 사람들은 그를 '중부仲父(나라의 두 번째 어른—옮긴이)'라고 불렀다.

하지만 이처럼 능력 있는 재상도 나이가 점점 많아지면서 몸이 쇠약해지고 위중한 병에 걸리고 말았다. 환공이 특별히 병문안을 했는데, 관중의 초췌한 모습을 보고는 눈물을 감추지 못했다.

관중이 말했다. "아마도 소신의 목숨은 얼마 남지 않은 듯하여 더 이상 전하를 위해 일할 수 없을 것 같습니다. 전하께서도 적당한 사람을 뽑아 재상의 빈자리를 채우셔야 할 것입니다."

"요 며칠 동안 나도 생각을 해보았지만, 누구에게 국정을 맡겨야 안심이 될지 모르겠소. 그대가 보기에 포숙아는 어떻소?"

포숙아는 관중의 오랜 친구이자, 그의 은인이었다. 환공의 말을 듣고서 관중이 즉시 대답했다. "포숙아는 재주와 덕을 함께 갖춘 사람이지만, 재상을 맡기에는 적합하지 않습니다. 그는 다른 사람의 잘못이나 결점을 극도로 미워하여 일단 마음에 새겨두면 오랫동안 잊지 않습니다. 재상으로서의 겸허한 마음이 없으니 어찌 다른 대신들과 화목하게 지낼 수 있겠습니까? 그런 점 때문에 국정을 잘 이끌어 나가기가 어려울 것입니다."

"그렇다면 역아易牙는 어떤가?" 환공이 또 다른 이름을 거론했다.

관중은 금방 고개를 내저었다. "제가 마침 전하께 말씀드리려던 참이었습니다. 역아와 수조竪刁, 개방開方 이 세 사람은 절대 중용해서는 안 됩니다."

환공은 크게 놀라 물었다. "왜 그런 것이오? 온 나라 사람들이 이 세 사람의 나에 대한 충심을 알고 있는데, 왜 그들을 중용해서는 안 된다 것인가?"

"소신도 역아가 자신의 아들을 죽여 전하에게 바친 일을 잘 알고 있습니다. 그러나 소위 '도는 평상심이다.'라는 말이 있습니다. 그의 이런 도리를 벗어난 행동은 결코 좋은 점이 아니옵니다."

"그러나 그가 짐을 아끼는 마음이 자식을 아끼는 것보다 중하여 나에 대해 인의仁義를 다한 것인데, 이에 무슨 의심할 것이 있는가?" 환공은 여전히 이해할 수가 없었다.

"옛말에 '호랑이가 잔인해도 제 자식을 먹지는 않는다.'고 했습니다. 오늘 그가 자신의 혈육에게 이처럼 잔인하게 했다면, 다른 날 전하에 대해 무슨 일을 못하겠습니까?"

환공이 또 물었다. "그렇다면 수조는 어떠한가? 과인을 보좌하기 위해 그는 스스로 거세를 하고 궁에 들어왔으니, 자신의 신체로 나에게 보답한 것이다. 이것은 의심할 점이 없지 않은가?"

"그와 같은 사람은 얼마나 마음이 독합니까? 자신의 몸조차도 아끼지 않으니 중요한 때에 전하께 손상을 주지 않는다고 어찌 보장하겠습니까?"

환공은 이어서 개방을 언급했다. "그는 신분이 버젓한 위나라의 공자로 귀한 지위를 버리고 기꺼이 나의 신하가 되기를 원했다. 또한 그 부모보다 나에게 더 의리로 대하니 부모가 세상을 떠나셨을 때도 나를 보좌하느라 바빠서 결국 고향으로 가서 상喪도 치루지 못했다. 그의 충심이 이처럼 분명하니 나는 조금도 의심하지 않는다."

"그가 그쪽의 부귀를 버린 것은 반드시 이쪽에서 더 많은 부귀를 얻을 수 있다고 생각했기 때문입니다. 전하께서는 다시 생각해 보십시오. 한 사람이 부모에 대해 이러한데 그가 또 일편단심으로 다른 사람의 은혜에 보답하리라고 기대할 수 있겠습니까? 전하께서는 그런 괴이한 언행에 조금도 감동받지 마십시오. 인지상정人之常情에 반하는 행동에는 반드시 어떤 의도가 숨겨져 있습니다.”

환공은 관중의 말이 매우 일리가 있다고 생각하여, 그의 말을 마음속에 새겨두고 점차 그 세 사람을 멀리했다.

세상일을 통찰하는 것은 모두 학문이다. 사회생활을 하다보면 사람들은 필요에 따라 종종 자신을 은폐한다. 그러므로 사람의 행위를 판단할 때 단지 표면적인 현상만을 보아서는 안 된다. 보통 사람과 다른 특별한 행동을 할 때에는 반드시 어떤 의도가 숨겨져 있다. 평상심을 잘 유지하여 관찰한다면 그 속에 숨겨진 위험을 꿰뚫어 볼 수 있다.

⚜

도적을 집으로 끌어들이다

춘추시대 노魯나라의 장무중臧武仲은 사구司寇라는 직책을 맡아 국가의 경제와 소송사건을 책임졌다. 그는 사람됨이 정직하고 변론을 잘하여 국왕인 계무자季武子는 그를 매우 신임했다.

그런데 주邾나라의 서기庶其라는 사람이 자신의 나라를 배반하고, 사람과 말을 데리고 노나라에 투항해 왔다. 그는 아울러 칠화漆和와

여구閭丘 두 성읍을 노나라 국왕에게 바쳤다. 계무자는 영토까지 넓히게 해준 서기의 투항을 보고 그를 매우 예우했다. 국가 공신功臣의 고모를 서기의 첩으로 하사했을 뿐 아니라, 그와 함께 온 사람들에게도 큰 상을 내렸다.

순식간에 이 일은 노나라 사람들 입에 오르내리게 되었고, 사람들의 의견이 분분했다. 장무중은 이러한 국왕의 행동이 백성에게 좋지 않은 영향을 끼친다고 생각했다. 나라를 훔치는 것 역시 도적질로 계무자는 이런 도둑을 처벌하지 않았을 뿐만 아니라 오히려 지나치게 인정을 베풀어 매국노를 귀한 손님으로 대접했으니 사람들이 어찌 도둑질을 나쁜 짓이라고 생각하겠는가?

얼마 후, 과연 노나라에 도적이 크게 날뛰었다. 한밤중에 지붕에 올라 기와를 벗기기도 하고, 문을 부수고 들어오기도 하며, 심지어는 백주대낮에도 재물을 강탈하는 일이 벌어졌다. 이로 인해 백성들의 원성이 자자해졌지만, 장무중은 수수방관 하면서 아무런 조치도 취하지 않았다.

계무자는 나라의 치안이 혼란스럽다는 말을 듣고는 장무중에게 물었다. "지금 도적들에게는 법도 없고, 하늘도 없다는 것을 나도 이미 들었다. 설마 치안을 책임지고 있는 그대가 모른다고 하지는 않겠지? 그대는 어째서 대책을 세우지 않는가!"

장무중은 전혀 개의치 않는다는 듯 대답했다. "이런 일이 생기는 것은 피할 수 없는 것입니다. 제 마음속으로 생각하는 바가 있지만 힘이 부족하여 막을 방법이 없습니다."

계문자는 장무중의 개의치 않는 태도를 보고 매우 화가 나서 성난 목소리로 말했다. "내가 많은 군대를 길러 국경을 지키도록 하고, 밤 낮을 가리지 않고 성 안을 감시하는 것은 바로 외적과 도적을 막아내 기 위한 것이다. 그런데 그대는 오히려 도적을 막을 수 없다니! 그런 군대와 국경이 무슨 소용이 있는가? 그대도 무슨 소용이 있는가! 도 적도 막지 못하는 그대와 또 무엇을 논하겠는가! 차라리 집으로 돌아 가서 쉬는 것이 나을 것이다!"

계무자는 잔뜩 화를 내며 욕된 말을 하고서는 장무중이 어떻게 대 답하는가를 살폈다. 장무중은 여전히 아무 동요도 없이 느긋하게 말 했다. "소신이 비록 재주가 없지만, 나라가 산하의 험준함에만 의지 해서는 창성昌盛할 수 없으며, 나라를 다스리는 데 있어 가장 중요한 근본이 덕이라는 것은 알고 있습니다. 군대를 키우는 일은 또 다른 문제입니다."

계무자는 냉소를 지으며 말했다. "원래 그대가 하고 싶은 말은 내 가 덕이 없다는 것이로군. 그대 스스로 도적을 막고 치안을 유지할 능력이 없다고 변명을 해놓고서는 또 무슨 '덕으로 나라를 다스려야 한다.'는 말을 하는가? 그대가 만약 충분히 해명하지 못하면 오늘 죽 음을 면치 못할 것이다!"

장무중은 일부러 놀라는 기색을 하며 말했다. "폐하께서는 화를 푸십시오. 그러나 만약 도적을 섬멸하면서 다른 한편으로는 오히려 도적을 안으로 끌어들인다면, 어찌 제가 이겨낼 수 있겠습니까?"

계무자는 그 말을 듣자 더욱 화를 내었다. "누가 감히 도적을 끌어 들였느냐? 나에게 말해보아라. 내가 엄하게 처벌할 것이다."

장무중은 천천히 고개를 들어 말했다. "서기가 바로 도적의 두목으로, 그 무리를 거느리고 있습니다. 폐하께서는 그들이 보내온 예물만 보셨을 뿐 그 출처를 따지지 않고 오히려 그들에게 큰 상을 주셨습니다. 백성들의 눈에는 폐하께서 도적의 무리를 키우고 있는 것으로 보일 것입니다. 도둑질을 해도 될 뿐만 아니라 그것으로 부귀와 영화까지 얻을 수 있다는 것을 직접 보았으니 강도들이 날뛰는 것은 당연한 일입니다. 그러니 저로서는 아무런 방법도 없지 않겠습니까?"

계무자는 장무중이 하고자 하는 말뜻을 금방 이해했다. 원래 그는 변론을 통해 자신에게 진언하려고 했던 것이다. 왕은 금방 화를 풀고 장무중을 파면하지 않았으며, 서기를 차열車裂의 형벌에 처했다.

그 몸이 바르면 명령하지 않아도 행하고, 그 몸이 바르지 않으면 비록 명령을 내려도 따르지 않는다. 지도자는 다른 사람의 언행을 판단하기 전에 우선 자신의 행위를 살펴보아야 하고, 스스로 먼저 실천을 해야 설득력을 얻을 수 있다. 자신의 능력을 정확하게 알지 못하는 사람은 종종 그럴 듯한 겉모습에만 미혹되어써서는 안 될 사람을 중용하게 되고, 그로 인해 실패를 면하기 어렵게 된다.

✤

나무를 깎아 만든 닭처럼 멍하니 서 있다

제나라 왕은 닭싸움을 매우 좋아하여 한가할 때면 닭싸움 보는 것을 즐거움으로 삼았다. 물론 싸움닭들은 보통의 닭이 아니라 시합에 나가기 위해 특별히 훈련받고 키워진 닭이었다.

그는 사방으로 싸움닭을 잘 키우는 사람을 찾다가 기紀 선생이라고 불리는 자가 고수라는 말을 듣고는 그를 불렀다. 왕은 특별히 닭을 키우는 장소를 마련해주고, 필요로 하는 모든 것을 제공해 주었다. 또한 그는 닭이 어떻게 자라는가를 보려고 자주 그곳에 들르곤 했다. 10일이 지나자 왕이 참지 못하고 다 키웠느냐고 물었다. 기 선생이 대답했다. "아직 멀었습니다. 닭이 하루 종일 제멋대로 뛰어다니고 교만함을 그대로 드러냅니다. 겉보기에는 대단한 것 같아도 여전히 가장 뛰어난 것은 아닙니다."

왕은 성질을 죽이고 다시 10일을 참았지만, 기 선생에게서는 여전히 아무 소식이 없었다. 왕이 다시 물었다. "이미 오랜 시간이 지났는데 어찌 아직 덜되었단 말인가?" 기 선생이 말했다. "지금 닭은 너무 자신만만하여 걸핏하면 다른 닭에게 도전하려고 합니다. 뿐만 아니라 너무 쉽게 시끄럽게 굴면서 적의 동정을 전혀 살피지 못하니, 그러면 적은 더 쉽게 약점을 찾을 수가 있습니다. 무술을 하는 사람과 마찬가지라고 할 수 있습니다."

닭싸움을 하기로 한 날이 하루하루 가까워지자 왕은 매우 초조해졌다. 며칠 지나지 않아 그는 얼굴에 화가 난 채로 찾아왔다. 기 선생은 여전히 동요함이 없이 말했다. "전하께서 보시기에 저 닭은 지금 눈이 날카롭고 씩씩하게 보이지만 실제 능력은 몸 안에 담겨있지 못합니다. 잠시만 더 기다려보시지요."

며칠이 지난 후, 기 선생은 왕을 만나 말했다. "전하께서 원하시던 싸움닭을 잘 키워놓았습니다. 그 닭은 싸움을 잘 할 뿐만 아니라 다른 닭들이 놀라 물러서게 할 능력도 갖추었습니다."

왕은 이 말을 듣고 매우 기뻐하며 오랫동안 기대했던 싸움닭을 보러 갔다. 그러나 보지 않았으면 더 좋았을 정도로 왕은 크게 화를 내며 기 선생을 참수하려고까지 했다. 잔뜩 목을 움츠린 닭은 눈빛마저 흐리멍덩하여 사람이 가까이 가도 꼼짝 하지 않았다. 그 닭은 싸우려는 투지가 전혀 없어서 나무로 만든 닭이 아닌가 하는 생각이 들 정도였다.

시합 시간이 다가오자 기 선생은 마음속으로 이미 승리를 확신하는 듯, 왕에게 안심하고 보서도 된다는 말을 했다. 시합이 시작되자 상대 닭이 먼저 몇 번 싸움을 걸어왔다. 그러나 결국 두 눈에 미동이 없고 아무런 행동도 하지 않는 '나무 닭'을 보고는 황급히 도망치고 말았다.

기 선생은 다음과 같은 결론을 내렸다. 싸움닭의 최고 경지는 자신의 기운을 뽐내거나 실력을 보여주려 안달하는 것이 아니라 오히려 무기력한 태도이다. 현실 사회에서의 입신이나 처세도 이와 마찬가지다. 단련하는 중에는 날카로움과 경솔함을 감추고 진짜 힘과 기운을 안에 응집시켜야 진정한 강자가 될 수 있다.

✢

재치로 어진 인재를 고르다

전국시기, 초나라에서 삼여대부三閭大夫의 직책을 맡고 있던 굴원屈原은 인재 선발을 위한 과거시험의 책임자로 고향인 자귀秭歸로 돌아왔다.

'초나라에 인재가 많다.'는 유명한 말처럼, 고향에 돌아온 굴원은 많은 학생들의 강렬한 학구열을 느낄 수 있었다. 굴원이 과거에 출제할 문제를 고민하던 어느 날 저녁, 마침 한 무리의 학생들이 그를 찾아왔다. 그는 시험문제를 한쪽에 놓아두고는 다정하게 그들과 인사를 나누었다. 그들은 매우 열정적으로 나라의 문제점을 지적하고 날카로운 비판을 했으며, 이에 굴원은 상당히 기쁜 마음이 들었다.

며칠 후 과거시험이 치러졌고 답안지를 채점한 결과, 뜻밖에도 100명의 수험생 중 99명의 성적이 똑같았다. 즉 99명이 모두 1등이고, 나머지 한 명만 2등이어서 1등과 2등만 뽑아도 수험생 모두가 과거에 급제하는 비정상적인 상황이 된 것이다.

굴원은 곰곰이 생각한 끝에 문제를 출제하던 그날 저녁 자신을 방문했던 학생 중 누군가가 시험문제를 몰래 훔쳐보았고, 그것을 유출했다고 확신했다. 그는 자신이 세심하지 못했음을 후회하면서 다시 시험을 치를 방법을 고민한 끝에 좋은 방법을 생각해냈다.

새로 시험을 치던 날, 굴원은 학생들에게 큰 소리로 선포했다. "그대들의 성적은 모두 훌륭하지만, 나라에서는 모든 부문에 뛰어난 인재를 필요로 하네. 새로 볼 시험의 제목은 '종곡자種穀子'로, 오늘이 마침 파종을 하기 좋은 계절인 곡우穀雨이니 그대들에게 모두 100개의 곡식 종자를 주겠네. 갖고 돌아가서 잘 기르도록 하게. 과거의 결과는 가을걷이가 끝나고 얼마나 수확을 했는지를 보고 결정할 것이네."

시간이 흘러서 가을 추수기가 되자, 학생들 중 어떤 사람은 곡식을 광주리 가득 짊어지고, 또 어떤 사람은 수레에 싣고 오는 등 1등을 차지했던 99명 모두가 풍성하게 수확한 듯했다. 단지 2등을 했던 농가 출신의 수험생만 손에 작은 질항아리를 들고 제일 마지막으로 도착했는데 다른 학생들이 모두 곡식을 한가득 싣고 온 것을 보고서는 매우 부끄럽고 상심하여 문 앞에서 들어오지 못했다.

굴원은 학생들이 가지고 온 곡식들을 살펴보면서 얼굴이 점점 침울해져 갔다. 그러다가 문 밖에 서 있는 수험생을 발견하고서는 눈에 생기를 띠며 흥분해서 물었다. "네가 수확한 곡식은 어디에 있느냐?"

그는 불안해하며 대답했다. "제가 무능하여 겨우 900여 알만 수확했습니다. 저는 할 수 있는 최대의 노력을 기울였지만, 세 개의 종자만이 싹을 피워 결국에 이 정도 밖에 거둘 수 없었습니다." 말을 마치고는 부끄러워 고개를 숙였다.

99명의 1등을 한 학생들은 그 말을 듣고는 껄껄대며 웃었지만, 굴원은 오히려 엄숙하게 말했다. "이번 선발에서는 이 사람이 유일한 인재다. 내가 그대들에게 나누어준 곡식 중에서 97알은 모두가 삶은 것으로, 그들이 가져온 양식이 이렇게 많다는 것은 분명히 나를 속이는 것이 아닌가? 그러므로 곡식을 가장 적게 가져온 이 학생이 가장 성실한 사람이라고 볼 수 있다."

'믿음이 천하를 압도한 후에야 비로소 천하를 얻을 수 있다.' 이는 세상을 살아가면서 마땅히 성실함을 근본으로 삼아야 한다는 뜻이다.

지도자가 성실함으로 아랫사람을 대하면 그들의 신임을 얻을 수 있고, 성실함으로 세상을 살아가면 천하의 친구들을 사귈 수 있다. 성실은 풍요로운 삶을 가져다주지만, 속임수는 실패를 가져올 뿐이다.

⚜

이웃을 골라 살다

맹자孟子는 어렸을 때 매우 불우했다. 세 살 때 부친이 세상을 떠났으며, 그때부터 맹자의 어머니는 홀로 고생하면서 맹자를 키우고 교육시켰다.

그들은 아주 외지고 황량한 시골에 살았는데, 집에서 멀지 않은 곳에 공동묘지가 있었다. 일 년 내내 장례를 치르고 제사를 지내는 사람이 끊이지 않는 곳이었다. 나이가 어린 맹자는 이러한 의식을 매우 신기하고 재미있게 생각했으며 이웃에 사는 아이들이 자주 묘지에서 노는 것을 보고는 자기도 함께 놀고 싶어했다.

맹자는 장례놀이에만 정신이 팔려 매일 묘지에서 놀았으며 공부에는 전혀 마음이 없었다. 어머니는 이렇게 매일 아이들과 섞여서 좋지 않은 놀이에만 열중한다면 결국에는 발전하지 못하고 뛰어난 인재가 될 수 없다고 생각했다.

그래서 그녀는 이 그곳을 떠나 다른 곳으로 이사하기로 마음먹었다. 이사의 번거로움과 어려움을 마다않고 시장 부근의 집을 찾아내었다. 그곳은 사람들이 많이 다녀서 맹자가 많이 보고 들으며 안목을 넓힐 수 있을 것이라고 기대했다.

새로 이사한 집은 시장과 가까워서 이웃들 대부분은 상인들이었으며, 그 중 두 집은 푸줏간을 했다. 어느 정도 살다보니 이웃과도 친해져서 맹자는 자주 이웃집에 가서 놀았다.

어느 날 어머니는 혼자 놀고 있는 아들을 보고 있었는데, 한 손에는 칼 모양의 나무 조각을 들고 다른 손으로는 무슨 물건을 누르는 것처럼 했다. 그런 후 힘껏 손에 든 나무칼을 휘두르며 그 물건을 자르는 시늉을 했다. 맹자 어머니는 궁금해서 물었다. "너 지금 무얼 하고 있느냐?" 어린 맹자는 고개도 돌리지 않고 대답했다. "지금 돼지를 죽이고 있습니다! 비계 없는 가장 좋은 살코기로 가격도 삽니다!" 소매를 걷어붙이고 백정의 행동과 말투를 흉내 내며 소리쳤다.

맹자의 어머니는 아들이 공부에 정신을 쏟지 않고 장사꾼들과 백정의 모습을 따라하는 것을 보고는 크게 실망했다. 그래서 다시 이사를 결심하고, 이번에는 반드시 학문이 높은 좋은 이웃이 있는 집을 찾아서 맹자에게 좋은 영향을 줘야겠다고 생각했다.

맹자 어머니는 사방에 묻고 부탁하여 새 집을 찾았다. 유일한 조건은 이웃이 좋아야 한다는 것이었고, 훌륭한 학자의 옆집이라면 더 바랄 것이 없었다. 얼마 뒤 학관學館 옆에 빈 집이 있다는 소식을 듣고 어머니는 매우 기뻐하며 즉시 이사하기로 결정했다.

집 주인은 홀어머니에 외아들 두 사람 뿐인 것을 보고는 만만히 생각하여 터무니없이 비싼 가격을 불렀다. 맹자 어머니는 고심했지만 결국 비싼 가격의 그 집을 사서 자리를 잡았다.

매일 똑똑한 소년 서생들이 집 문 앞을 지나다녔고, 맹자는 어린 학생들이 열심히 시서詩書를 공부하고 고금古今을 논하는 것을 보고는 깊이 깨달았다. 아는 것도 많지 않은 자신이 지금까지 너무 공부를 소홀히 했다는 생각이 든 것이다. 맹자는 그 후로 굳게 결심하고 밤낮으로 공부했으며 묻기를 좋아하여 항상 그 학관의 선생과 학생들에게 가르침을 청했고, 또 많은 사람들과 돈독한 우의를 맺었다. 이것이 소년 맹자에게 깊은 영향을 끼쳤고, 이를 바탕으로 그는 전국시기에 유명한 대사상가가 되었다.

삼밭의 쑥은 받침대를 대지 않아도 삼처럼 곧게 자란다. 한 사람의 어린 시절은 외부환경에서 가장 큰 영향을 받기 때문에 신중하고 정직하게 좋은 친구를 사귀어야 한다. 그 후에 얻는 교훈과 이익은 돈으로도 가늠할 수 없는 것이다. 반대로 좋지 않은 환경에서 나쁜 친구들과 어울리며 시간을 허비하면 그 결과는 심지어 자신의 일생을 바꾸어 놓을 수도 있다.

재물을 취하는 데에도 도리가 있다

전국시대, 제나라 국왕은 사람을 보내어 맹자에게 상자 하나를 보내왔다. 상자 속에는 전부 금이 들어있었다. 맹자는 그것을 보고 당장 사람을 불러 도로 갖고 가도록 했다. 이튿날 설薛나라 국왕이 역시 사람을 보내 많은 금을 보내왔는데, 맹자는 그것을 받았다.

맹자의 제자 진진陳臻은 이를 보고 이상하게 생각되어 물었다. "선생님께서는 왜 어제 제나라의 금은 받으시지 않고, 오늘 설나라의 금은 받으십니까? 만약 선생님께서 오늘 하신 행동은 옳다고 하신다면 어제 한 행동은 잘못된 것이고, 만약 오늘 하신 행동이 잘못되었다면 어제 하신 행동이 옳은 것입니다. 도대체 어느 것이 맞는 것입니까?"

맹자가 말했다. "나에게는 당연히 나의 도리가 있다. 일찍이 설나라 주변에 전쟁이 일어나자 그 국왕은 나를 불러 방비책을 세우도록 한 적이 있어서 오늘 그가 보내온 금은 당연히 받아도 되는 것이지만, 제나라에 대해서는 내가 아무것도 해준 것이 없어서 그 금이 도대체 무슨 의미인지 알 수가 없었다. 대강 추측하는 바로는 제나라가 나를 금으로 사려고 한다는 것이다. 그러나 너는 참된 군자가 금에 팔려가는 것을 본적이 있느냐?"

진진은 깨달은 바가 있는 듯이 말했다. "사양하고 받지 않는 것이나 고맙게 받은 것이나 모두 도의道義에 근거해서 결정해야 한다는 것이군요."

이익을 좋아하고 손해를 싫어하는 것은 군자나 소인이나 모두 마찬가지이지만, 다른 점이 있다면 소인은 이익을 보면 의를 잊어버리고 군자는 의를 지키기 위해 이익을 버릴 줄 안다는 것이다. 동한東漢 때 낙양자樂羊子가 금을 주은 이야기는 바로 이러한 예이다.

낙양자가 집으로 돌아가는 길에 번쩍 빛이 나는 물건이 있는 것을 발견하고는 가까이 가보니 뜻밖에도 금덩어리였다. 그는 기뻐하며 그것을 가지고 집으로 와서 아내에게 주었다.

그의 아내는 금을 가져오게 된 내력을 들은 후에 정색을 하며 말했다. "옛말에 '뜻이 있는 사람은 아무리 목이 말라도 도천盜泉의 물은 마시지 않는다.(공자가 어느 날 목이 몹시 말랐으나 도둑 도盜 자가 들어있는 이름의 샘물은 마시지 않았다고 한다. 지금도 산동성山東省 사수泗水현에 도천이라는 샘물이 있다—옮긴이)'고 했으니 그것은 명성에 누가 되기 때문이고, '청렴한 사람은 구걸해온 음식은 먹지 않는다.'고 했으니 그것은 인격의 모욕이기 때문입니다. 그런데도 당신은 오히려 길에 떨어진 금덩어리를 위해 자신의 명예를 돌아보지 않았습니다."

낙양자는 아내의 일리 있는 말에 스스로 부끄러워져서 금을 원래 주웠던 장소에 갖다 놓았다.

또 재물을 취하는 도리에 관한 고사가 있다.

제나라 사람이 시장을 지나 가다가 가게 앞의 계산대에 금 한 덩어리가 놓여 있는 것을 보자 참지 못하고 들어가서 금을 들고 도망가버렸다. 주인은 황급히 쫓아가 그를 잡아 관아로 압송했다. 지방관이 그를 심문하였다. "너는 어찌하여 대낮에 다른 사람의 재물을 강탈해 갔느냐? 참으로 무모하구나!"

황금을 훔쳐간 사람이 온 얼굴에 후회가 가득한 표정으로 말했다.
"당시에는 제 눈에 금만 보였고, 다른 사람은 전혀 보이지 않았습니다."

군자가 재물을 아끼고 그것을 취하는 데에는 도리가 있으나, 소인은 눈앞의 욕심에만 마음을 쓰며 하늘의 도리를 전혀 돌아보지 않는다. 단지 성실하게 일해서 얻은 재물만이 마음속에 편안함을 줄 수 있다.
소인은 재물을 위해서라면 앞뒤를 가리지 않고 위험 속으로 뛰어드니 이러한 사람은 머지않아 크게 후회를 할 것이다.

굴욕을 잊지 않고 자신을 채찍질하다

기원전 494년 오나라 왕 부차夫差는 부친을 살해한 원수를 갚기 위해 군대를 일으켜 월나라를 공격했다. 오나라 군대는 매산梅山 전투에서 크게 승리를 거두었고, 월나라는 전 군대가 거의 전멸하다시피 하여 회계산會稽山으로 후퇴했다. 나라가 망할 위기에 처한 월나라 왕 구천勾踐이 오나라 왕에게 강화講和를 요청하자, 오나라 왕은 월나라 왕과 왕비가 오나라에 와서 자신의 하인이 되어야 한다는 조건을 내걸었다. 구천은 대신大臣인 문종文種, 범려范蠡와 의논을 한 후, 나라를 위해 기꺼이 아내와 함께 부차의 하인이 되기로 결정했다.

이에 부차의 대신 오자서伍子胥는 강력히 반대하며 바로 구천을 죽여 후환을 없앨 것을 주장했지만, 부차는 구천에게 더욱 깊은 치욕을 주려고 오자서의 건의를 받아들이지 않았다.

부차는 선친인 합려闔閭의 묘지 옆에 움막 같은 돌집을 짓고, 그 곳에 구천을 살도록 했다. 안에는 침대도 없어서 월나라의 왕과 왕비는 마른 풀을 깔고 자야 했으며, 화려했던 임금 옷 대신 남루한 옷을 입어야 했다. 하루 종일 흐트러진 머리에 때 낀 얼굴을 하고 부차의 말을 돌보거나, 장작을 패고 물을 길러 오거나, 밥을 짓고 빨래를 하는 등 노예와 같은 생활을 했다.

한번은 부차가 멀리 길을 떠나는데 구천에게 그의 말을 끌도록 명령했다. 구차는 손에 고삐를 잡고 공손히 한쪽 옆에 서서 시중을 들었다. 오나라 왕이 말에 오르려하자 구차는 즉시 허리와 등을 굽히고 꿇어 앉아 자신을 밟고 말에 올라가도록 했다. 오나라 백성들은 이를 보고 비웃으며 말했다. "저 사람은 원래 월나라의 왕인데 지금은 이렇게 보잘것없는 노예가 되어버렸군!" 구천은 모욕을 참으며 고개를 숙이고 묵묵히 걸었다.

구천은 자신에 대한 경계심을 늦추도록 하려고 부차에게 갖은 아부와 절대 복종을 했으며 심지어는 직접 그의 변을 맛보는 것도 마다하지 않았다.

한번은 부차가 병이 나서 설사가 멈추지 않자 구천은 여러 차례 그에게 병의 증세에 대해 물었다. 그때 마침 설사를 한 부차는 구천에게 잠시 물러나 있으라고 명했는데 구천이 황급히 말했다. "천신賤臣이 과거에 의학을 배운 적이 있으니, 제가 전하의 변을 관찰하도록 허락해 주신다면 병의 상태를 판단할 수 있을 것입니다.”

부차가 화장실에서 나온 후 시종이 변기통을 들고 나오자 코를 찌르는 악취가 풍겨 나왔다. 거기에 있는 사람들 중 어떤 이는 코를 막기도 하고, 또 어떤 이는 미간을 찡그렸다. 그러나 구천은 바로 변기통으로 걸어가 변기 뚜껑을 들고서는 손으로 변을 한 움큼 쥐었다. 이 광경을 보고 놀라지 않은 사람이 없었고 모두 눈이 휘둥그레졌으며, 부차도 상당히 충격을 받았다. 구천은 대변을 입에 넣어 자세히 맛 보고는 오히려 만면에 웃음을 띠며 기쁘게 말했다. “전하 축하드리옵니다. 전하의 병은 며칠 내에 곧 좋아질 것입니다! 걱정하지 마십시오.”

부차는 신기한 듯이 물었다. “네가 그것을 어떻게 알 수 있느냐?”

구천이 대답했다. “천신은 의사가 하는 말을 들은 적이 있습니다. 변이라고 하는 것은 원래 곡식의 맛으로 몸이 건강한 사람은 그 맛이 강하고, 몸에 병이 있는 사람은 그 맛이 가볍다고 했습니다. 천신이 보기에 전하의 변은 그 맛이 시면서 약간 쓰니 별다른 탈이 없는 것으로 보입니다. 조금만 몸조리를 하신다면 금방 좋아지실 것입니다!”

부차는 감탄하여 말했다. “구천이 이처럼 나를 대하는 구나. 이는 내가 믿고 총애하는 대신들, 심지어 자식들도 하지 못하는 것으로 나에 대한 충성이 참으로 지극하구나!” 감격한 부차는 구천 부부를 석방하여 고국으로 돌아가도록 했다.

구천은 귀국 후 부국강병을 도모하여 안으로는 신하들을 잘 화합하도록 하고 백성들을 교화했다. 십 년 동안 와신상담한 월나라의 국력은 크게 강해져 마침내 기원전 475년에 오나라를 공격했다.

오호五湖의 결전에서 그는 오나라를 대파하고 왕궁을 포위하여 결국 부차를 생포했다. 오나라 왕은 옛날에 자신의 대변을 맛보던 사람이 결국 자신의 나라를 이처럼 멸망시킬 줄은 생각지도 못했다. 부차는 자자손손 월나라의 속국이 될 것을 간청했지만, 구천은 그 옛날 자신이 겪었던 치욕이 떠올라 단호히 거절했고, 부차는 스스로 목숨을 끊어야 했다.

지금 당장 저항할 수 없다면, 인내를 갖고 정해진 목표를 위해 힘을 축적해야 한다. 그러면 언젠가는 곤경에서 빠져나올 날이 있을 것이다. 반대로 인내가 부족하여 현실을 고려하지 않고 맹목적으로 일을 추진하면 성공을 거두기 힘들다.

✦

급암汲黯의 진언

'문학적 재능이 떨어졌던' 한나라 무제武帝는 사소한 일에 얽매이지 않았으며, 어떤 때에는 가장 기본적인 예절조차도 신경쓰지 않았다. 그는 대신들을 접견할 때에도 항상 의관이 흐트러져 있었고, 심지어는 화장실에서 대장군 위청衛靑을 접견하기도 했다.

비록 황제의 '오래된 습관'은 바꾸기 어려웠지만, 유독 주작도위主爵都尉였던 급암汲黯에게만은 조금도 태만함이 없었으며 공경을 다했다. 의관을 정제하지 않았으면 절대 그를 접견하지 않았으며, 중요한 일로 급하게 급암이 아뢸 일이 있었을 때도 의관을 갖춰 입지 않았다면 함부로 나와서 만나지 않고 휘장 뒤에서 그를 맞이했다. 황제가 이처럼 그를 존중한 까닭은 급암이 높은 자리나 권력을 두려워하지 않았고, 자신의 득실을 고려하지 않고 직언을 하는 신하였기 때문이다. 또한 급암은 매우 신중하여 한 번도 윗사람이나 아랫사람을 기만한 적이 없었고 자신의 인격을 떨어뜨리는 일을 한 적이 없었다.

원래 무제는 당대의 호걸로 각 방면의 인재를 받아들였고 마치 물을 찾는 고기처럼 항상 어진사람을 구했다. 그러나 천성이 급하고 사나워서 어떤 사람이 우연히 작은 잘못이라도 범하거나 자신의 마음에 들지 않으면 설사 평소에 총애하던 대신이라고 하더라도 인정사정 보지 않고 참수형斬首刑에 처했다. 이에 대해 급암은 예전부터 황제의 행동이 너무 지나치다고 생각했지만 말할 기회가 없었다.

하루는 무제가 마침 조례를 마치려고 들어가려 하는데, 급암이 앞으로 나아가 말했다. "신이 아직 할 말이 있습니다." 황제는 부득이 성질을 참고 그의 말을 들었다. 급암은 이 기회를 빌어서 마음속에 생각하고 있던 말들을 했다.

"폐하께서는 어진 인재를 구하시는 데 번거로움을 마다하지 않으시지만, 폐하께서 못쓰게 만든 인재도 헤아릴 수 없습니다. 그렇게 쓰이지도 못한 어진 인재들을 생각하면 참으로 안타깝습니다. 인재라는 것은 그 수가 제한되어 있으니, 그렇게 하시면 언젠가는 인재가 하나도 남아있지 않을까 두렵습니다. 청컨대 폐하께서는 앞으로 세 번 생각하신 후에 행하시고 현재 있는 어질고 능력 있는 인재들을 잘 활용하여 나라를 다스리시기를 간청합니다."

급암의 말은 간곡하고 의미심장했다. 그의 말투는 냉정하거나 원망스러운 것이 아니었으며 얼굴에는 수심이 가득했고, 단지 속절없이 죽어가는 인재들에 대한 안타까움이 배어 있었다. 그 자리에 있던 대신들은 크게 긴장하며, 만약 무제가 여러 신하 앞에서 자신이 난처함을 당했다고 여겨서 평소에 존경하던 급암을 죽여 버리면 어쩌나 걱정했다.

그러나 뜻밖에도 무제는 억지로 마음속의 분노를 참고 웃으며 말했다. "나의 이 튼튼한 나라에는 인재가 넘치는데 어찌 인재가 없음을 걱정하는가? 다만 인재를 알아보지 못할까 두려울 뿐이다. 내가 원하는 인재는 나를 위해 일하려는 사람으로, 만약 그들이 아무런 역할도 할 수 없거나 쓸모가 없다면 그것은 곧 사용할 수 없는 그릇과 같다. 그런 사람을 먹여 살리느니 차라리 죽여 버리는 것이 나을 것이다. 살려두어서 무슨 소용이 있겠는가?"

급암은 황제의 이 말에 승복할 수 없었기에 목을 꼿꼿이 세우고 계속 말했다. "비록 제가 폐하를 설득시킬 수는 없지만 여전히 지금 하신 말씀이 잘못되었다고 생각합니다. 신은 폐하께 지금 이후로 인재를 아끼시고 함부로 무고한 생명을 죽이지 않으시기를 간절히 청합니다. 신이 도리를 몰라 생트집을 잡는다고 생각지 마십시오."

무제는 급암이 자신에게 첨예하게 맞서는 것에 매우 화가 났지만, 급암의 말에도 일리가 있다고 생각하여 억지로 끓어오르는 화를 참았다. 그리고는 화제를 바꾸어 은근히 냉소를 보내며 말했다. "만약 누군가 급암이 남의 약점을 들춰내는 걸 좋아한다고 말한다면 나는 그 말에 동의하지 않겠지만, 그가 스스로 어리석다고 말한다면 그것이야말로 맞는 말이다."

황제는 '좌우를 고려하여 말한다.'고 했던가. 뜻밖에도 무제는 크게 노하지 않았고, 급암에게 어떠한 처벌도 하지 않았다.

스스로를 업신여기면 다른 사람도 그를 업신여기며, 자신을 존중하면 다른 사람의 존중을 받을 수 있다. 급암은 시기를 잘 파악하고 기회를 잡아 간청했지만 한나라 무제의 분노를 불러일으켰다. 그러나 한나라 무제는 자신의 영향력을 잘 알고 있었다. 대신들에게 자신이 그들의 간언을 받아들이지 않는다고 느끼게 하면 여러 사람들의 분노를 사게 되어 황제 자신이나 신하 모두에게 불리하다는 것을 알았기 때문에 불쾌함을 잠은 것이다. 이는 급암도 존중하면서도 자신도 존중했던 행동이라고 할 수 있다.

✣

난간을 수리하지 마라

서한 시대 한나라 성제成帝는 황제가 된 뒤, 자신이 예전부터 신임하던 측근들을 기용했는데, 특히 자신의 스승이었던 장우張禹를 안창후安昌侯에 봉했다. 그러나 장우는 겉으로만 도덕군자인 척하는 위선자로, 실제로는 여색을 밝히며 매우 사치스러운 생활을 하는 사람이었다. 지위가 높아지고 권력을 잡은 뒤, 그의 사치스러운 생활은 극에 달해 백성들의 원망을 샀다.

당시 관리였던 주운朱雲은 옳지 않은 일에 대해서는 과감하게 화를 내고 거짓 없이 직언하는 대장부로, 그의 이러한 명성은 조정의 모든 사람들이 이미 알고 있었다. 그가 장우의 여러 가지 악행을 조사하여 황제에게 상소를 올렸다.

주운은 모든 조정 공신들의 앞에서 격앙된 어조로 자신의 의견을 말했다. "현재 일부 대신들은 자기 한 몸의 이익만을 도모하여 위로는 군주를 잘 보좌하지 못하고 아래로는 백성들에게 도움을 주지 못하여 지금 백성들의 원성이 자자합니다. 폐하께서 한 사람의 간신을 죽여 백성들을 평안케 하시기를 미천한 신이 간청하옵니다."

성제는 호기심을 갖고 물었다. "그래? 그런 일이 있었단 말인가! 네가 목을 쳐야 한다는 간신이 도대체 누구인가?"

주운이 앞으로 한 걸음 나아가 조금도 주저하지 않고 말했다. "폐하 신의 대담함을 용서하소서. 그 사람은 바로 안창후 장우입니다! 그는……"

마침내 주운이 장우의 죄상을 말하려고 할 때, 성제는 금방 얼굴에 노여움을 보이며 큰 소리로 질책했다. "네가 바로 역신逆臣이로구나! 하늘이 높고 땅이 두터운지도 모르면서 감히 아랫사람이 윗사람을 무고하고 공공연히 조정에서 나의 스승을 모욕하다니! 용서할 수가 없다. 당장 끌어내어라!"

양쪽에 있던 호위병들이 즉시 주운을 붙잡았으며, 그는 끌려 나가지 않으려 발버둥 쳤다. 주운은 금란보전金鑾寶殿 앞까지 끌려가서 죽을 힘을 다해 난간을 붙들고 놓지 않다가, 뜻밖에 난간이 부러지고 말았다. 그는 크게 소리쳤다. "저는 구천에 가서 옛날의 충신들과 친구가 될 수 있으니 아무런 유감도 없습니다! 지금 폐하께서 나쁜 사람들이 멋대로 하도록 놓아두신다면 어떻게 후에 천자라고 자처할 수 있겠습니까?"

성제는 그 고함소리를 듣고 더욱 노기충천하여 다시 명령을 내렸다. "당장 끌고 가서 참수시켜라!"

그때 옆에서 몇 번이고 말을 하려다가 그만 두었던 좌장군 신경기 辛慶忌가 관모를 벗고, 장군의 큰 도장을 풀어놓고 무릎을 꿇으며 황제에게 청했다. "폐하 화를 푸십시오. 주은은 평소 일하는 데 있어 생각하는 대로 가식 없이 행동합니다. 이는 폐하께서도 들으신 바가 있을 것으로 믿습니다. 오늘 그가 간언한 것도 백성을 위한 것이시 결코 악의가 있어서 그런 것은 아닙니다. 만약 그가 말한 것이 사실과 부합한다면 어찌 죽어야할 죄겠습니까? 만약 그가 사실을 잘 알지 못하고 함부로 지껄인 것이라면 당연히 죽음을 면치 못 할 것입니다! 폐하께서는 어찌 진상을 조사해 보신 후에 다시 판결을 내리지 않으십니까? 오늘 저는 죽음을 각오하고 간하옵니다."

신경기는 연신 이마를 땅에 부딪치며 간하였으며, 그 피로 땅이 붉게 물들었다. 성제가 가만히 생각해보니 그의 말에 일리가 있었다. 그래서 화를 식히며 내렸던 명령을 거두고 사람을 파견하여 장우의 일을 조사했으며 그 뒤로 더 이상 주운을 추궁하지 않았다.

후에 어떤 사람이 부러진 난간을 새로 수리할 것을 건의하자 성제는 허락하지 않으며 말했다. "난간은 고치지 말고 부서진 조각만 치우도록 하여라. 나는 대신들에게 주운과 신경기가 자신의 이익을 따지지 않고 직언한 일을 널리 알릴 것이다. 두 사람은 내가 줄곧 필요

로 하던 인재들이다. 하마터면 돌이킬 수 없는 잘못을 범할 뻔 했구
나!”

주은의 이야기는 우리에게 자신의 득실을 따지지 않는 정직과 성실은 시대가 변
하더라도 영원히 교훈을 준다는 사실을 깨닫게 한다. 한나라 성제 역시 때에 맞
추어 생각을 바꿀 줄 알았고, 자신을 통제하여 허심탄회하게 간언을 받아들였으
며, 난간을 수리하지 않고 교훈으로 삼도록 한 것은 보통 사람으로서는 하기 어
려운 일이었다.

❧

캄캄한 밤에 금을 거절하다

양진楊震은 동한 시기의 명인으로 일찍이 교육에 종사하여 고향에
서 학교를 열고 도를 전수하며 사람들의 궁금증을 풀어주었다. 사람
됨이 정직하고 깨끗하여 백성들로부터 추앙을 받았으며 사회적으로
명망이 매우 높았다. 조정에서는 이러한 인재를 소중히 여겨 그를 형
주자사荊州刺史로 발탁했다.

양진이 벼슬을 하면서 가장 두드러졌던 업적은 인재를 잘 발굴했
다는 것이다. 많은 재능 있는 사람들이 그의 추천으로 출세를 할 수
있었으니, 왕밀王密이 바로 그 중 하나이다. 왕밀은 형주 지역에서만
이름난 선비였으나 양진의 중용을 받아 산동 창읍현昌邑縣의 현령이

77

되었다.

왕밀은 관리 중에서 명성을 누리면서도 항상 양진이 자신을 도와준 일을 잊지 않았다. 그는 양진이 자신을 추천하지 않았다면 이렇게 명성을 얻지 못했을 것이라고 생각하면서, 기회를 봐서 양진의 은혜에 보답하고 감사의 마음을 표해야겠다고 다짐했다.

2년 후 양진이 산동의 동래東萊에 태수로 부임해 왔다. 왕밀은 이번이 더 없이 좋은 기회라고 생각하고, 부임하는 길에 반드시 창읍昌邑에 들러 옛정을 나누자고 극진히 요청했다. 간곡한 부탁을 거절하기 어려웠던 양진은 어쩔 수 없이 청을 받아들였고 창읍에서 며칠 동안 머물렀다. 왕밀은 미진한 부분이 없도록 매우 세심하게 준비하고 머무는 동안 불편하지 않도록 배려했다.

떠나기 전날 밤 양진이 막 잠자리에 들려 하는데 왕밀이 찾아와 정중히 말했다. "대인께서 없었다면 오늘날의 저도 없습니다. 이 은혜를 무엇으로 보답해야 할지 모르겠습니다. 이것은 저의 작은 성의니 대인께서 여비로 삼으십시오." 말을 마치고는 황금 10근을 꺼냈다.

양진은 그의 행동을 보고는 크게 놀라며 좋은 말로 타일렀다. "여비는 내게도 있으니 그대가 걱정할 필요는 없네. 내 평생 청렴결백을 신조로 삼고 살았는데, 그대도 이를 모르지는 않겠지. 그것을 거두시게!"

왕밀이 대답했다. "이것은 단지 저의 작은 성의입니다. 매관매직하려는 뇌물이 아니라 대인에 대한 감사함을 표하고자 할 뿐입니다. 지금 날이 이렇게 저물었고 이 일은 누구도 모르니 안심하시고 받아주십시오."

양진은 왕밀이 잘못을 깨닫지 못하고 또 다시 금을 권하자 자신도 모르게 화가 치밀어 엄하게 꾸짖었다. "더 이상 말하지 말게나. 오늘 일은 이미 네 사람이나 알고 있네. 나는 이미 충분히 거절했네!"

이에 왕밀이 궁금한 듯이 물었다. "어떻게 네 사람입니까?"

"하늘이 알고, 땅이 알고, 그대가 알고, 내가 알고 있지 않은가! 설마 이것으로 부족하단 말인가?" 양진이 반문하고는 황금을 땅에 던져버렸다. 왕밀은 부끄러워하며 그 황금을 주웠고, 자신의 마음을 몰라주는 양진에게 서운함을 느끼며 그 자리를 떠났다.

속담에 '사람은 의외로 얻는 돈이 없으면 부유하게 되지 못한다.'는 말이 있다. 양진은 벼슬자리에 있는 동안 매우 청렴하여 어떠한 예물이나 돈도 받은 적이 없었다. 집안사람들도 그때문에 부유한 생활을 한 적이 없으며 벼슬을 하기 전과 마찬가지로 여전히 검소한 생활을 했다.

어떤 사람은 선의로 벼슬자리에 있을 때 자손을 위해 재물을 모아야 한다고 충고했지만 양진은 매번 단호하게 말했다. "나는 평생 동안 청렴함을 최고의 미덕으로 여기며 살아왔네. 그러나 일단 탐욕의 배에 오르게 되면 언제 내릴지 스스로 결정할 수 없게 되지. 누구에게도 재물을 받지 않을 것이며 다른 사람 앞에서는 물론이고 단 둘이 있어도 마찬가지네!"

그러자 다른 사람이 물었다. "그렇다면 자손들에게 무엇을 남겨 주실 수 있습니까?"

양진이 자랑스럽게 대답했다. "다른 사람이 모두 그들을 깨끗한 관리의 후손들이라 말할 것이네. 이 유산은 그들의 삶에 평생 유용하게 쓰일 것이네!"

세상을 살아가면서 반드시 가장 기본적인 처세의 원칙과 입신의 표준을 유지해야 한다. 그렇지 않으면 부화뇌동하여 독립된 '참된 나[眞我]'를 이룰 수 없게 된다. 원칙을 가지고 스스로의 품격을 유지해야하며 평생 자신의 명예를 손상시키는 일을 해서는 안 된다. 왜냐하면 소위 비밀이라고 하는 것은 항상 언젠가 공개된 추문이 될 수 있기 때문이다.

✦

사람을 쓰는 지혜

삼국시대의 조조曹操는 평생 많은 사람의 도움을 받았는데, 그 중에는 위자衛茲와 동소董昭, 종요鍾繇 와 같은 인물들이 있었다. 그들은 모두 중요한 순간에 최선의 계책을 내주었고 그러한 도움이 없었다면 조조는 패업을 이룰 수 없었을 것이다.

위자는 사람됨이 정직하고 지조가 있으며 엄격하고 공정했다. 당시 조조는 조정에서 폭정을 일삼던 동탁董卓의 부름을 받아들이지 않고 장안에서 진류陳留 지역으로 도망가서 위자를 알게 되었다. 조조가 막 진류에 도착했을 때 위자가 그를 보고 사람들에게 말했다. "이 사람은 속되지 않다. 천하를 평정할 사람은 그가 아니면 안 된다!"

얼마 동안 교류를 하고 나서 위자는 조조의 재능에 더욱 탄복하게

80

되었고, 조조 역시 위자를 매우 존중하고 자주 찾아가 천하의 대사를 의논하고 그의 의견을 들었다.

위자는 당시의 형세에 대해 분석하고는 다음과 같이 말했다. "오늘날 천하는 크게 혼란하여 제가 생각하기에 무력이 가장 좋은 평정의 수단입니다. 그런데 어째서 지금 군대를 일으키지 않습니까?"

조조는 위자의 조언에 따라 군대를 일으키기로 결심하였지만 경제적으로 여의치 않아 쉽지만은 않았다. 위자는 다른 말은 하지 않고 자신의 재산을 조조 앞에 내놓으며 말했다. "이것이면 병사들을 불러모으고 말을 사는 데 충분할 것입니다."

조조가 군대를 일으킨다는 소문을 듣고, 멀리 초현譙縣의 친족들이 부하들과 함께 찾아왔다. 그들은 조조를 따라 남북을 정벌하고 여러 전쟁에서 큰 공을 세운 인물들로 조인曹仁, 조홍曹洪, 하후돈夏侯惇, 하후연夏侯淵 등이 있었다.

세력이 점차 커진 후에 조조는 천자를 등에 업고 제후에게 명령할 수 있게 되었지만 이러한 과정에서 그는 끊임없이 힘겨운 일들을 극복해야 했는데, 만약 동소와 종요 등의 도움이 없었다면 패업은 벌써 다른 사람에게 빼앗겼을 것이다.

하내河內 태수 장양과 함께 있으면서 기도위騎都衛의 직무를 맡고 있던 동소는 조조를 천하의 영웅이라고 매우 높이 평가하여 줄곧 마음속으로 사귀고 싶어 했다. 초평初平 3년(192년)에 조조는 주사主事였던 왕필王必을 장안에 사절로 보냈지만, 장양이 국경을 엄격하게 관리하여 왕필은 장안에 들어갈 수 없었다.

이에 동소가 장양에게 권유했다. "비록 지금은 조조와 원소袁紹가

동맹을 맺고 있지만 그들의 관계는 오래 가지 못할 것입니다. 조조는 반드시 큰일을 이룰 수 있으니 우리들은 이번 기회에 그와 사귀어야 합니다. 만약 그가 조정과 관계 맺는 것을 도와줄 수 있다면, 그보다 더 좋은 것은 없습니다. 그렇게 된다면 조조에게 많은 도움을 받을 수 있을 것입니다."

장양은 동소의 말에 일리가 있다고 생각했고, 왕필은 아무런 어려움 없이 장안에 도착할 수 있었다. 동소는 또 조조의 명의로 장안에 있는 이각李権과 곽사郭汜에게 많은 선물과 편지를 써 보냈다. 이로 인해 조조와 조정의 관계는 더욱 돈독해졌다.

조조의 야심이 너무 큰 것을 두려워하던 이각과 곽사는 왕필이 장안에 도착하자 어떤 계략이 있다고 생각하여 왕필을 억류하려고 논의했다. 당시 황문시랑黃門侍郎이었던 종요는 예전부터 조조의 뛰어난 군사전략과 높은 명성을 익히 듣고 있었기에 조조를 위해 이각과 곽사에게 말했다. "조조가 사람을 보내온 것으로 보아 아직 조정을 섬기는 마음이 있음을 알 수 있습니다. 현재 군웅이 할거하여 각기 한 지역씩을 점거하고 있는데, 상대적으로 조조에게는 충성심이 남아 있습니다. 만약 왕필을 억류한다면 민심을 잃어버릴 수 있습니다."

이각과 곽사는 종요의 말에 설득되어 왕필을 성대히 대접하고 조조의 호의를 받아들였다.

후에 동소와 종요는 조조의 휘하에 들어가 그를 위해 일하며 패업을 이루는데 중요한 역할을 했다.

만약 이런 사람들의 도움이 없었다면 조조는 '치국평천하治國平天下'를 할 수 없었을 것이다. 또 다른 면에서 보자면 스스로의 '수신제가修身齊家'가 없었다면 사람들이 그를 영웅으로 생각하여 적극적으로 도움을 주려고 하지 않았을 것이다. 소위 '한 명의 대장부에게는 세 명의 도움을 주는 사람이 있다.'는 말은 단지 다른 사람이 '대장부'인 자신을 도와주길 무작정 기다린다는 뜻이 아니다. 항상 자신을 갈고 닦으며 사람들로 하여금 당신에게서 희망을 발견하게 하고 장점을 보도록 해야 큰 도움을 받을 수 있다는 말이다.

✣

거리낌 없이 충고하는 친구

동한 말년, 유비劉備와 허사許汜는 두터운 우정을 나누었다. 두 사람은 항상 함께 술을 마시고 여러 일들을 논했으며 내 것 네 것을 가리지 않고 흉금을 터놓고 이야기 할 수 있는 친정한 친구였다.

하루는 유비와 허사가 술을 마시면서 한담을 나누고 있었다. 그러던 중에 화제가 당시 저명한 인물로 옮겨갔는데, 허사는 서주徐州의 진등陳登에 대해 평하면서 단호하게 말했다. "그 사람은 너무 교양이 부족하여 사귈 가치도 없어."

유비는 그의 갑작스러운 말에 바로 물었다. "그래? 내가 보기에는 그렇지 않은 것 같던데. 그렇게 말하는 데 무슨 근거라도 있는가?"

"당연히 있지!" 허사는 화가 난 듯이 말했다. "내가 몇 년 전에 특별히 그를 찾아갔지만, 그는 전혀 성의도 없고 근본적으로 손님을 대접할 줄을 몰랐어. 나를 본체만체하고는 말도 걸지 않았어. 무엇보다도 날 화나게 했던 것은 작은 침대 하나만 달랑 있는 구석진 방에서 쉬도록 한 것이야. 그것은 분명 사람을 무시한 것일세!"

유비가 조용히 말을 다 듣고 크게 웃으며 말했다. "그가 그렇게 한 것도 나름대로의 이유가 있는 걸세!"

허사는 유비가 조금도 꺼리지 않고 솔직히 말하는 것에 놀라며 물었다. "자네가 그렇게 말하는 것은 무슨 의미인가?"

유비는 허사의 어깨에 손을 얹으며 말했다. "이미 자네는 밖에서 매우 명성이 높기 때문에 다른 사람들은 자네에 대해 많은 기대를 하고 있네. 지금은 전쟁으로 세상이 어수선하여 백성들은 배불리 먹지도 못하고 따뜻하게 입지도 못하는 고통을 겪고 있네. 그러나 자네는 이런 것들에 대해서는 전혀 관심도 없지 않나? 줄곧 누가 비옥한 전답이나 큰 집을 파는지에만 관심이 있고, 그 거래의 중간에서 부당한 이익만 취하려 하지 않았나? 진등은 그런 사람을 가장 싫어하네. 그러니 자네도 한번 생각해보게나. 진등이 기쁜 마음으로 자네와 속에 있는 말을 할 수 있겠는가?"

유비는 계속해서 솔직하게 말했다. "그가 자네에게 작은 침대를 준비한 것은 나름대로는 신경을 쓴 것이네. 솔직히 말해 내가 그였다면 자네를 집 밖으로 쫓아내고 땅바닥에 내쳤을 것일세. 침대는 무슨 침대인가!"

유비는 말을 마치고 여전히 웃음을 띠며 허사를 바라보았지만, 전혀 비웃고자 하는 의도는 없었다.

허사는 얼굴이 붉어졌고 유비의 거침없는 질책을 다 듣고서야 자신이 얼마나 많은 결점을 가졌는지를 알게 되었다. 그는 친구의 충고에 진심으로 기뻐하며, 앞으로 자신의 부족한 점을 고쳐나가기로 결심했다.

적에게는 원만하게 대해야 불필요한 갈등을 피할 수 있다. 그리고 친구에게는 조금도 꺼리지 않고 솔직하게 말해야 더욱 깊은 우정을 나눌 수 있고 자신과 친구 모두 많은 발전을 할 수 있다.

⚜

용을 죽이는 기술

옛날에 주평만朱平漫이라는 사람은 항상 마음속으로 자신이 하지 못할 것은 없다고 생각했으며, 무슨 기술이든지 한 수 배우려고 했다. 그는 줄곧 자신에게 말했다. '나는 꾸준히 노력하고 머리도 나쁜 편이 아니라서 많은 기술을 배울 수 있을 거야. 보통의 기술은 쉽게 배워서 금방 고수가 될 수 있을테니 나중에 여유를 갖고 시작해도 되고 처음 배우는 것은 가장 어려운 것이 좋겠어.'

이렇게 생각하고는 먼저 용을 죽이는 기술을 배우기로 결심했다. 세상에 용을 죽일 수 있는 사람이 과연 몇이나 되겠는가? 그는 자신의 용기와 담력, 식견에 스스로 감탄하며 기술을 다 배우기 전에는 결코 돌아오지 않기로 결심했다.

그는 지리익支離益이란 사람이 용을 죽이는 데 가장 뛰어난 사람이라는 소문을 듣고, 전 재산을 팔아 천리를 마다않고 그를 찾아가서 사부로 모시고자 했다.

지리익이 말했다. "나는 더 이상 제자를 받지 않네. 더욱이 이 기술을 배워도 자네에게는 전혀 쓸모가 없을 것이야."

주평만이 간곡하게 청했다. "제가 천리 길을 단걸음에 달려온 것은 선생님에게 좋은 기술을 배우기 위해서인데……"

노인이 또 말했다. "그렇다면 자네는 다른 것을 배우는 것이 나을 것일세. 예를 들면 목공이나 기와기술 같은 것이 더 낫지 않겠는가?"

"그러한 것은 할 수 있는 사람이 너무 많고, 또 별로 희귀한 것도 아닙니다. 제가 마음만 먹으면 언제든 배울 수가 있습니다." 주평만이 말을 끝내고는 노인 앞에 무릎을 꿇었다. "선생님께서 저를 제자로 받아들이시지 않는다면 저는 절대 일어나지 않겠습니다!"

노인은 어쩔 수 없이 그를 제자로 받아들이기로 했다.

한 해가 지날 때마다 사부는 항상 그에게 말했다. "더 쓸모 있고 의미 있는 기술을 배우는 것이 어떤가?" 그때마다 주평만은 모든 것을 배우고 나면 자연히 떠날 것이라고 대답했다.

5년이 지나서야 그는 스스로 용을 죽일 수 있는 기술을 다 배웠다고 생각하여 사부를 떠나 고향으로 돌아왔다.

고향으로 돌아온 그는 의기양양하게 동네 어른들과 친척들 앞에서 자신이 성실함으로 사부를 감동시켜 뛰어난 기술을 배우게 되었다고 자랑했다. 사람들이 그가 배운 용을 죽이는 기술에 대해 궁금해 하며 한번 보여 달라고 요구하자, 그는 곧바로 동작을 설명하면서 용을 죽이는 기술을 보여주기 시작했다. 그는 펄쩍 뛰어오르며 말했다. "이것은 용의 머리를 잡는 것으로, 이렇게 하면 용은 반드시 몸을 좌우로 흔들며 요동칠 것입니다." 잠시 후 그는 또 몸을 돌려 뛰어오르며 큰 소리로 말했다. "제가 이미 용의 몸 위에 올라탔습니다!" 계속해서 그는 몸을 한 번은 왼쪽으로 한 번은 오른쪽으로 흔들며 버티는 시늉을 했는데 마치 술 취한 사람 같았다. 마지막으로 그는 얼굴에 땀을 흘리면서 팔뚝을 높이 들고는 힘을 썼다. 그리고 소리치며 말했다. "나의 칼이 이미 용의 목을 관통하여……"

옆에 있는 사람이 웃으며 그에게 말했다. "내가 보기에는 무슨 원숭이가 재주를 부리는 것 같은데."

사람들이 집이 떠나가도록 크게 웃자 그가 말했다. "이것은 용을 죽이는 기술로 당신 같이 보통 사람은 봐도 잘 이해를 못할 겁니다."

이때 마침 그곳을 지나가던 노인이 말했다. "젊은이, 비록 자네가 이 대단한 재주를 배웠다고는 하지만 어디 가서 용을 죽일 건가?"

그제야 주평만은 이미 오래전에 없어진 용을 어디에서 찾아야 할지 생각했다. 열심히 기술은 배웠지만 아무런 쓸모도 없으니, 여러 해 동안의 노력이 헛된 것이었다.

주평만은 마지막에서야 사부가 처음에 자기에게 했던 말이 생각났지만, 처음에는 그 말이 귀에 들어오지 않았다. 본래 배우고자 하는 마음은 자신을 발전시키는 데 도움을 주지만, 현실적으로 아무런 의미도 없는 기술은 아무리 훌륭해도 소용없으며 나중에 후회해도 이미 때는 늦는다.

모든 사람에게는 큰일을 이룰 수 있는 능력이 있지만 목표로 정한 것이 별 의미가 없다면 세월만 낭비하는 것이다. 그래서 일을 하기 전에 반드시 전체를 고려하고 충분히 생각한 후에 결정해야 한다.

원공袁公의 물음에 지혜롭게 대답하다

한나라의 진원방陳元方은 어렸을 때부터 재능이 뛰어났고 말을 잘했다. 그의 부친은 청렴한 관리로 그와 사귀던 지인들 역시 정직하고 성실한 사람들이었다. 자신도 모르는 사이에 이런 좋은 환경의 영향을 받은 진원방은 세상일에 대해 자신만의 신념을 갖게 되었다.

그의 나이 열한 살 때, 부친과 친하게 지내던 원공袁公의 초청으로 일가가 모두 관저를 방문하게 되었다. 원공은 행동거지가 시원시원하고 기민하며 영리한 진원방을 매우 좋아하여 그를 보자마자 손을 잡으며 물었다. "네가 책을 많이 읽고 매우 총명하다고 들었다. 오늘 내가 문제를 하나 낼 테니 잘 대답해 보거라."

어린 원방은 공손하게 대답했다. "얼마든지 물으십시오. 제가 알고 있는 것이라면 옳은 대답을 하도록 하겠습니다."

"네 부친이 태구太丘에서 벼슬을 하고 있는데 백성들이 특별히 그를 좋아한다는구나. 너는 그 이유가 무엇인지 아느냐?"

진원방은 자랑스럽게 대답했다. "제가 제일 존경하는 사람이 바로 아버지입니다. 아버지께서는 태구에서 수년간 관직에 있으면서 오로지 백성들을 편하게 하는 것에만 마음을 기울이고 있습니다. 사악한 사람들은 법에 따라 엄격히 처벌하고, 선량한 사람들은 평안하게 하며, 가난한 사람들은 구제하여 그들의 생활을 개선하려고 노력합니다. 이처럼 엄해야 할 때는 엄하며 인자할 때는 한없이 인자합니다. 게다가 청렴결백하기까지 하니 백성들이 자연히 따르고 좋아하는 것입니다."

원공이 진원방을 칭찬하여 말했다. "너처럼 어린 나이에 세상일의 본질을 볼 수 있다니, 참으로 대단하구나!"

원공이 아이의 영리함을 보고 일부러 한번 시험해 보고자 잠시 주저하다가 웃으며 말했다. "나도 너의 부친을 매우 존경한다. 이전에 내가 업현鄴縣의 현령을 맡았을 때, 너의 부친과 같은 방법으로 백성들을 다스려 크게 민심을 얻었다. 백성들이 평안하게 살면서 즐겁게 일할 수 있도록 했으며 입고 먹는 데에도 큰 걱정이 없도록 했다."

어린 원방이 때를 놓치지 않고 말했다. "아버지께서 항상 저희들에게 그 말씀을 하셔서 이미 알고 있습니다. 아저씨와 아버지는 '영웅의 견해는 대체로 일치한다.'는 말이나, '유유상종'이라는 말에 딱 맞아 떨어집니다."

어린 원방의 말을 듣고는 원공이 호쾌하게 웃으며 그의 머리를 쓰다듬었다. "너는 참으로 말을 잘하는구나. 내게 또 하나의 질문이 있으니 솔직하게 대답을 해야 한다."

"예, 질문에 답은 하겠지만, 제가 어리고 무지하여 말에 경중과 분별을 잃을까 걱정됩니다. 대답 중에 실례되는 곳이 있더라도 마음에 두지 마십시오." 원방은 조리 있게 대답했다.

"나와 네 부친이 관직을 하는 도리에 있어서 별다른 차이가 없다. 네가 보기에 누가 누구에게서 배웠다고 생각하느냐?" 원공이 말을 끝내고 원방이 어떻게 대답하는지를 보았다.

어린 원방은 잠시 생각하고서는 대답했다. "이전에 주공周公(주를 창건한 무왕武王의 동생으로 후에 공자는 그를 황제들과 대신들이 모범으로 삼아야 할 인물로 격찬했다—옮긴이)과 공자는 비록 태어난 시대는 다르지만 정치에 대한 관점은 약속이나 한 듯이 일치했습니다. 그들은 모두 백성을 먼저 생각하는 어진 정치를 펴서 사람들의 사랑을 받았고 훌륭한 명성을 후세에 전했습니다. 그러나 지금까지 두 성인聖人 중에 누가 스승이고 누가 학생인지는 감히 아무도 말할 수 없습니다. 제가 보기에 그것을 따지는 일은 불필요한 것이라고 생각합니다. 아저씨와 아버지 역시도 마찬가지입니다."

원공은 어린 원방이 말에 조금도 실수가 없을 뿐만 아니라 그 누구도 경시하거나 낮추지 않았으며, 또한 원공 자신과 원방의 부친 두 사람을 고대 성인에 비유하는 것을 보고는 매우 기뻤다. 그는 어린 원방에 대해 칭찬을 아끼지 않으며 감탄하여 말했다. "참으로 대단한 후생後生이로다. 가문의 큰 영광이로구나!"

바른 것은 한쪽으로 치우치지 않는 것이다. 처세를 하는 데 있어서 모두 이것을 표준으로 삼았다. 우리는 오늘날에도 이러한 전통을 계승해야 한다.

장비張飛의 죽음

장비張飛는 삼국시기 촉나라의 명장으로 용맹하고 싸움을 잘했으며 무예가 뛰어났다. 힘이 장사였던 그가 당양교當陽橋에서 크게 호령했을 때 다리가 끊어지고 물이 거꾸로 흘렀다는 이야기는 유명하며 용맹함뿐만 아니라 기지機智까지 가졌기에 많은 사람들이 감탄해 마지않았다.

그러나 장비에게는 치명적인 결점이 있었으니 부하들에게 지나치게 엄격하여 조금의 과실이라도 범하면 곧 무거운 처벌을 내렸다. 장수와 사병들은 모두 마음을 졸이며 생활했으며 언제 장비에게 큰 벌을 받을지 몰라 두려워했다. 벌을 받은 사람 중 일부는 복종 했지만, 어떤 사람들은 울분을 꾹 참으며 반항하는 마음이 생기기도 했다.

친형제와 같던 관우關羽가 죽은 후, 장비는 너무도 슬픈 나머지 밤낮을 눈물로 지내며 하루하루를 술로 달랬다. 평소에 매우 엄격하던 그는 술에 취하면 더욱 독해져서 조금이라도 마음에 들지 않으면 옆에 있는 사람에게 채찍을 휘둘렀으며, 심지어는 채찍에 맞아 죽은 부하들도 생길 정도였다. 부하들은 매우 화가 났지만 제대로 말을 꺼내지 못했다.

장비는 관우의 원수를 갚기 위해 자청해서 동오東吳를 토벌하고자 했다. 출정하던 그날, 유비가 장비에게 충고했다. "난 네가 성질이 급하고, 또한 술을 좋아하여 취한 뒤에는 걸핏하면 함부로 사람을 때리고, 게다가 그런 일이 있은 후에도 여전히 그 사람들을 네 옆에 두려고 한다는 것을 잘 안다. 지금은 관직이 높고 권세가 있으니 네가 때리고 욕을 해도 다른 사람들이 어쩌지 못하고 그저 울분을 꾹 삼키겠지만 홍망성쇠란 변화무상한 법이다. 언젠가 네가 다스리던 사람에게 다스림을 당할 줄 누가 알겠느냐? 또 큰 불행이 바로 앞에 다가와 있을 수도 있으니 너는 반드시 나쁜 습관을 고쳐야 한다.”

“그들이 어찌 나를 해할 수 있단 말입니까?” 장비는 유비의 말을 한쪽 귀로 흘려들었다.

“네가 앞으로도 계속 그렇게 행동한다면 분명 인심을 잃어버릴 것이다!” 유비는 다시 경고의 말을 했다.

하지만 장비는 그 말을 마음속에 새기지 않았다. 부대로 돌아온 장비는 부하들에게 3일 내에 흰 깃발과 모든 장수들이 입을 수 있는 흰 갑옷을 만들라고 명령했다. 관우를 위해 장수들에게 상복을 입히고 군대를 일으켜 오나라를 치기 위해서였다. 명령을 받은 범강范彊과 장달張達이란 장수는 단지 3일의 기한밖에 없다는 말을 듣고 말했다. “3일의 시간은 너무나 짧으니 며칠간의 여유를 더 주십시오.”

장비가 이 말을 듣고는 버럭 화를 내며 질책했다. “내가 3일이라면 3일이다!”

두 사람이 생각하기에 불가능한 일이었으므로 급히 이유를 설명했다. “저희들은 현재의 모든 상황을 고려하여 드리는 말씀입니다. 3일은 참으로 너무 시간이 촉박하여……”

“그렇다면 내가 현실을 무시한 것이란 말이냐? 너희들이 감히 내 명령을 거역하다니!” 장비는 두 사람을 나무에 묶고서 각기 50대씩

매를 때리도록 명하고는 다음과 같이 말했다. "3일 안에 반드시 갖추어야 한다. 만약 시간을 어긴다면 두 사람의 머리가 나무에 매달릴 것이다!"

그들은 살이 벗겨지고 터질 정도로 심하게 맞았다. 마음속에 불길 같은 분노가 치솟은 두 사람은 군영으로 돌아와 대책을 상의했는데 이때 범강이 말했다. "장군은 성질이 불같아서 기한 내에 다 갖추지 못한다면 우리는 목숨을 보존하지 못할 것이네."

장달이 대답했다. "설사 다 갖추어서 우리들의 생명을 보존한다고 하더라도, 아마 뒷날 별것도 아닌 이유로 그의 채찍에 죽을 것입니다. 그가 우리를 죽이기 전에 우리가 먼저 그를 죽입시다!"

두 사람은 계획을 다 세우고 날이 어두워지기만을 기다렸다.

그날 저녁 장비는 군막에서 부하 장수들과 함께 술을 마시고 크게 취했다. 군막 안에 눕자마자 천둥이 치는 것처럼 코고는 소리를 내며 잠이 들었다. 범강과 장달은 깊은 밤에 각기 칼을 감추고 군막에 잠입하여 장비를 찔러 죽였다.

한 시대를 주름잡던 명장은 이처럼 불행하게도 자신이 데리고 있던 이름 없는 장수의 손에 죽었다.

'사람은 본래 한번 죽는데 그 죽음이 기러기 털보다 가벼울 수도 있고 태산보다 무거울 수도 있다.'라는 옛말이 있다. 시대의 명장 장비는 세상을 뒤덮는 기개로 위세를 떨쳤지만 그의 죽음은 위대한 장군다운 장렬함이 없었고, 그 허무함으로 인해 사람들을 애통하게 할 뿐이다.

장기에서 강을 건너면 작은 졸卒도 차車가 된다는 말이 있는데, 이는 자기보다 못한 사람을 함부로 부려서는 안 되며, 또한 자신의 잘못된 점을 발견하면 곧바로 고쳐야 한다는 뜻이다. 좋지 않은 습관이 경미할 때 더 이상 크게 되는 것을 막아야 최후의 성공을 거둘 수 있다.

⚜

어진 인재를 망라하다

당나라 태종太宗은 인재를 매우 중시하여 특별히 이부吏部를 설치하고 어질고 재능 있는 선비를 선발하여 임용했다. 태종은 항상 우복사右僕射인 봉덕이封德彝에게 다음과 같이 신신당부했다. "관官은 백성의 부모나 마찬가지다. 그곳에서 일하는 관리는 백성들의 안위와 고락을 결정할 수 있으므로 뽑을 때 반드시 신중해야지 성급하게 함부로 하면 안 된다. 사람 한 명을 쓴다는 것은 마치 도랑을 끌어오는 것과 같다. 공정하고 옳은 방법으로 뛰어난 사람을 뽑는다면 인재는 곧 물줄기처럼 들어오겠지만, 원칙 없이 평범한 사람을 한 명 쓰게 되면 뛰어나지 못한 사람들이 벌떼처럼 몰려들 것이다."

재상 위징魏徵은 자주 태종과 사람을 쓰는 기준에 대해 이야기했는데 한번은 그가 진언했다. "이전에 세상이 안정되지 않았을 때에는 인재를 쓰는 데 있어 주로 재주가 있느냐 없느냐를 고려했을 뿐, 그 덕행은 별로 보지 않았습니다. 하지만 지금은 세상이 태평하여 관리가 전쟁에 나갈 필요가 없어졌기 때문에 백성의 부모가 될 만한 높은

94

도덕과 올바른 품행을 갖추는 것이 매우 중요합니다. 따라서 사람을 쓰는 기준도 거기에 따라 바꾸어야 합니다."

태종은 그 말에 매우 공감했고 건의를 받아들여 이부에서 인재를 선발할 때에는 재능과 더불어 덕행을 겸비한 사람을 뽑도록 원칙을 정했다.

그 뒤로 여러 날이 지났으나 봉덕이가 인재를 추천하지 않자 태종이 물었다. "그대의 직책은 어진 선비를 천거하는 것인데 최근에 그대는 최선을 다해 일하고 있는가?"

봉덕이는 매우 난처한 표정을 지으며 대답했다. "신이 전심전력을 다해 인재를 발굴하고 있지만 지금은 천거할 만한 어진 인재가 없습니다."

태종이 이 말을 듣고서 의미심장하게 말했다. "사람을 쓰는 데 있어서 한 사람에게 모든 방면의 재능을 다 갖추도록 요구할 수는 없으며, 또한 그의 출신가문과 배경만을 중시해서도 안 된다. 인재는 있고 없고의 문제가 아니라 어떻게 발굴하느냐에 달렸다. 그대는 어찌 인재가 없다는 말로 그 책임을 벗어나려고 하는가? 내가 옛날로 돌아가 다른 왕조의 인재를 빌려 써야 한단 말인가! 한 사람이 아무리 능력이 있어도 모든 일을 다 완벽하게 처리할 수는 없다. 각각의 업무에 맞는 사람이 필요하기 때문에 어진 인재를 구하는 일을 소홀히 해서는 안 된다. 절대 한 사람에게 완전무결한 것을 요구하지 마라!"

봉덕이는 부끄럽기 그지없어 고개를 숙이고 말했다. "소신이 다음에는 반드시 어진 인재를 천거할 것입니다."

그 이후로 이부는 인재를 선발하는 제도를 개혁하고 수나라의 과거제도를 사용했다. 새로운 정책이 시행되자 가난한 서민의 자제들도 과거에 참가할 자격이 생겼다. 이렇게 되자 관리 선발의 근거가 되는 성적도 전체적으로 좋아졌으며, 백성들을 위하는 마음을 가진 어진 인재들이 각기 재능에 맞는 위치에 적당히 배치되었다.

태종은 선발된 인재를 교육시키는 관원들에게 항상 말했다. "어떤 인재가 자신보다 뛰어날까 두려워하지 마라. 만약 그대들이 그의 능력을 최고로 발휘할 기회를 제공할 수 있다면, 그대들이 얻을 수 있는 것은 더욱 많아질 것이다."

태종은 인재들 앞에서 자신의 월등함과 위엄을 자랑하지 않았고 오히려 그들에게 존경을 표했다. 그는 또한 능연각凌煙閣에 24명 공신들의 초상을 그리도록 명하면서 출신의 귀하고 천함을 구분하지 않았다. 그 중에는 농민 출신의 서세훈徐世勣과 대장장이 출신의 위지경덕尉遲敬德, 군졸 출신의 진숙보陳叔寶도 있었다.

후에 태종이 궁전의 정문에서 선비를 접견할 때 줄줄이 뒤를 이어 들어가는 인재들을 보고서 기쁨을 감추지 못하며 크게 말했다. "천하의 어진 인재들이 이렇듯 많이 모여드니 이것은 곧 우리 왕조의 큰 행운이다!"

이처럼 어진 신하들이 태종의 존중을 받아 선발되고 모두 한마음이 되어 그를 보좌하니 후에 나라가 커지고 백성들이 평안해졌다. 이러한 당 태종 시기의 태평성대를 '정관의 치貞觀之治'라고 불렀으며, 태종은 이로 인해 역사에 길이 이름을 남겼다.

사람을 잘 쓰는 사람은 자신의 능력이나 다른 사람보다 뛰어난 점들을 잘 드러내지 않는다. 그는 다른 사람이 한 가지 작은 일에 공로를 거둘 수 있도록 도와주고 자신은 대업을 이룬다.

그래서 진정한 지도자는 어진 인재를 잘 등용하고 천하에 능력 있는 지사志士를 자신의 옆에 모으는데, 이것이 바로 큰 계획이다.

은거의 즐거움

맹호연孟浩然은 당나라 때 이름난 문인으로 창조성이 뛰어나고 그 문체가 탁월했다. 젊었을 때 그는 다른 사람과 마찬가지로 자신의 문학적 재능에 의지하여 공명을 구하고 가문을 빛내고자 했지만, 젊은 혈기가 왕성하여 자신의 재간을 지나치게 드러낸 결과, 한 수의 시 때문에 현종의 노여움을 받게 되었다. 그때부터 벼슬길이 순조롭지 않게 되자 맹호연은 희망을 버리고 낙담하여 장안長安을 떠났다.

그뒤 명상을 통해 인생과 관리사회의 덧없음을 깊이 깨달은 맹호연은 전원의 아름다운 산수山水에 빠져 유유자적한 생활을 했다.

당시 조정에 청렴한 관리 한조종韓朝宗은 형주대도독부장사荊州大都督府長史, 양주자사襄州刺史, 산남동도내방처치사山南東道來訪處置使 등 여러 직책을 겸하고 있었다. 그는 오래전부터 맹호연의 재능과 명성을 듣고 있었으며, 그의 처지를 잘 알고 있었기에 마음속으로 기회가 되면 그를 천거하려고 했다.

한조종은 황제의 신뢰를 깊이 받고 있었고 조정의 많은 인재들을 발굴했기 때문에 그와 함께 장안에 간다면 다시 벼슬을 할 가능성이 매우 높았다. 한조종의 권유에 따라 맹호연은 함께 장안으로 가기로 약속을 했지만, 떠나기 전날에 의기투합하는 친구 한 명이 그를 찾아 왔다. 맹호연은 매우 기분 좋게 그와 술잔을 기울이며 담소를 나누다 가 결국 장안에 가야할 일을 까맣게 잊고 말았다. 한조종은 약속장소 에서 초조하게 맹호연을 기다렸으나 끝내 나오지 않자 크게 실망하 고는 혼자서 길을 떠났다.

이때부터 맹호연은 벼슬에 대한 생각을 완전히 버리고 변화무쌍한 대자연 속에서 영감을 얻으며 산이나 숲, 소나무와 달, 날아다니는 새 등을 소재로 다양한 시를 창작했다.

하루는 맹호연이 친구와 함께 오솔길을 걸어가다가 길옆에 곧게 자란 대나무가 특별히 고상한 운치가 있어서 발길을 멈추고 감상했 다. 그때 마침 저쪽에서 어부가 어망을 거두어 돌아오는 것이 보였 다. 맹호연은 급히 어부에게로 가서 수확이 어떤가를 물어보고는 어 망 안에 든 고기를 자세히 살펴보았다. 다 보고나서는 알 수 없는 웃 음을 지었다. 옆에 있던 친구가 그의 행동이 좀 괴이하다고 생각하고 는 물었다. "자네는 도대체 뭘 생각하고 있는가? 무슨 재미있는 일이 있는가?"

맹호연은 기쁜 듯이 말했다. "방금 그 대나무와 어망을 보고 시흥 詩興이 크게 일어나 이미 두 구절을 생각해 내었지만, 평소에 주의를 기울이지 않아 대나무의 마디가 얼마이고 고기의 비늘이 얼마인지 잘 몰랐는데 방금 직접 보고서 분명히 알게 되어 매우 기쁘다네!" 말을 끝내고서는 호탕하게 웃었다.

맹호연은 줄곧 순박한 전원생활 속에서 대부분의 생애를 보냈다. 산수를 벗 삼아 혼연히 자신을 잊고 후세에 전해지는 주옥같은 작품들을 많이 창작했다. 그는 일생을 마칠 때까지 은거하며 지냈고 이백은 시를 통해 '늙어서 소나무와 구름 사이에 누워버린 사람[白首臥松雲]'이라고 맹호연을 칭찬했다.

맹호연은 세속의 분란과 근심을 벗어나 산속에 은거했다. 다소 소극적인 면이 있지만, 사람들의 흠모를 받은 것도 사실이다. 복잡한 현대사회에서는 평상심을 잃지 않고 물질에 얽매이지 말며 스스로 비관하지 않아야 바쁜 생활 속에서도 마음 깊은 곳의 안정과 즐거움을 얻을 수 있다.

✢

진실한 마음으로 사귐을 청하다

당나라의 왕륜汪倫은 안휘 경천涇川의 부유한 집안에서 태어났다. 성격이 쾌활하고 시서에 능했으며, 특히 친구를 사귀기 좋아했다. 그는 이백을 호방하고 의협심이 넘치는 대장부라고 생각하여 오랫동안 흠모했으며, 그와 시문詩文을 토론하고 시사詩詞를 배우고 싶어 했다.

하루는 이백이 안휘를 거쳐 간다는 소식을 듣고는 어떻게든 이백을 만나 머무르게 하려 했지만, 이백이 매우 자유분방하여 일반적인 초청에는 결코 응하지 않는다는 것을 알고 있었다. 하루 종일 온갖 지혜를 다 짜내다가 문득 언젠가 사람들이 하던 말이 생각났다. "이백이 좋아하는 것이 네 가지 있는데 첫째 복숭아꽃이고, 둘째 술, 셋째 시 짓는 것이며, 넷째가 걷는 것이다." 왕륜은 이를 잘 활용하면 아마도 그의 발걸음을 멈추게 할 수 있을 것이라고 생각하고는 좋은 계책을 세웠다.

얼마 뒤 이백은 경천에 며칠 머무를 것을 간곡히 부탁하는 한 통의 편지를 받았다. 편지에는 다음과 같이 쓰여 있었다. "선생께서 복숭아꽃과 미주美酒를 좋아한다고 들었습니다. 우리 경천은 경치가 매우 아름답고 십 리에 뻗친 복숭아꽃으로 널리 이름이 알려져 있습니다. 맛있는 술의 향기가 풍겨오는 만 개의 술집은 선생이 돌아가는 것을 잊도록 할 것입니다. 선생께서 이곳을 지나가신다는 기쁜 소식을 듣고 진심으로 간청하오니 사양하지 마십시오. 부디 그냥 지나치지 마시고 꼭 들러 천천히 유람하시길 바랍니다."

이백은 편지를 보고 매우 기뻐했다. 십 리의 복숭아꽃이라니 얼마나 사람을 미혹하는 경치인가? 만약 만 개나 되는 술집에서 취할 수 있다면 그곳이 바로 지상낙원 아니겠는가? 그 유혹을 뿌리치기 힘들었던 이백은 이미 계획했던 일정을 변경하여 곧바로 경천의 왕륜을 찾아갔지만, 가는 길에서는 편지 속의 풍경을 전혀 만나볼 수 없었으므로 마음에 의혹이 생겼다.

이백을 만나자 마자 왕륜은 공손하게 인사를 하고는 사과를 했다. "선생을 속인 것을 용서해 주십시오. 편지에서 말한 십 리의 복숭아꽃은 실제로 있는 것이 아니고 여기서 십 리 떨어진 곳에 깊은 못을 도화담桃花潭이라 부를 뿐입니다. 만 개의 술집이라는 것도 실제 만 개나 되는 술집이 있다는 것이 아니라 단지 술집 주인의 성이 만萬으로 이곳에선 보통 만가萬家술집이라고 부릅니다."

이백은 크게 실망하여 물었다. "그렇다면 그대는 왜 나를 이곳으로 불렀는가?"

왕륜이 간곡히 말했다. "오랫동안 선생의 명성을 듣고 벌써부터 그 호방한 풍채를 뵙고 교제를 하고 싶었습니다. 아무리 생각해도 방법이 없어서 선생이 좋아하는 것들로 거짓을 꾸며 이곳으로 유혹하는 수밖에 없다고 생각했습니다."

이백이 이 말을 듣고는 호탕하게 웃으며 마음속에 있던 불쾌함과 실망감을 지웠고, 대신 왕륜의 정성에 깊이 감동했다. 그리고 다시 눈앞에 있는 왕륜을 보니 저속하지 않고, 풍류가 넘치며, 소탈하고, 학문이 깊은 듯한 태도와 기풍이 느껴져서 기쁘고 위안이 되었다.

두 사람은 함께 시를 이야기하고, 검劍을 논했으며, 술 마시고 노래했고, 왕륜은 이백이 머무는 동안 불편하지 않도록 세심하게 보살펴 주었다. 눈 깜짝할 사이에 보름의 시간이 지나고 헤어질 때가 되자 왕륜은 이백에게 열 필의 비단과 많은 물품을 선물하며 아쉬운 마음을 달랬다. 이백도 그의 뜨거운 환대에 깊이 감격하여 시 한 수로 고마움을 표시했다. 이것이 바로 천고에 길이 남아있는 「왕륜에게贈汪倫」라는 시이다.

이백이 배에 올라 떠나려 할 때에,
갑자기 강기슭에서 발 구르는 노래 소리 들리네.

도화담 물이 천척이나 깊다한들,

나를 보내는 왕륜의 정에는 미치지 못하리라.

李白乘舟將欲行,

忽聞岸上踏歌聲.

桃花潭水深千尺,

不及汪倫送我情.

모든 사람들은 각자 장단점을 가지고 있으며 장점을 드러내고 단점을 감추기 위해 소질을 계발하고, 학식과 이름이 널리 알려진 사람과 교제하려고 한다. 이렇게 하면 인생의 지향점과 마음의 지혜를 더 높일 수 있을 뿐만 아니라 더욱 많은 친구를 사귈 수도 있어서 자신을 발전시키는데 유리하다.

✢

메뚜기를 퇴치하여 재난을 물리치다

당나라 말기 절강 여항余杭에 유명한 시인이 있었는데 공명을 세우고 싶어 했지만 여러 차례 과거에 떨어지고는 이름을 나은羅隱으로 바꾸었다. 그 뒤로 전당현錢塘縣 현령에 임명되었고, 후에 벼슬이 간의대부諫議大夫에까지 올랐다. 전당현에서 벼슬을 하는 동안 백성들의 고충을 잘 이해하고 세금을 경감해주며, 황무지 개간을 장려하여 현의 농업을 빠른 속도로 발전시켰다.

그러나 좋은 시절은 오래가지 않았고 현령을 맡았던 이듬해에 자연 재해가 빈번히 일어났다. 현 내에 큰 가뭄이 들어 여러 달 동안 비가 전혀 오지 않아 벼들이 점점 말라갔고, 거기에 보릿고개까지 겹쳐 백성들은 모두 굶주림으로 고생을 했다. 더욱 불행한 것은 가뭄이 지나가자 바로 메뚜기의 피해가 발생했다는 것이었다. 어디에서 날아오는지 모르는 수천수만의 메뚜기들이 순식간에 논밭의 작물들을 먹어치워서 밭에는 앙상한 잎들만 남았고 농가는 한 알의 수확도 거두지 못해 고향을 떠나는 백성들이 속출하여 현의 모습이 날이 갈수록 피폐해져 갔다.

더욱 답답한 것은 사람들이 메뚜기를 퇴치할 의지가 별로 없다는 것으로 그로 인해 피해지역이 계속 늘어만 갔다. 알고 보니 사람들은 메뚜기가 신령스러운 것이라 믿어서 하늘에 기도를 하는 것만으로 재앙을 그치게 할 수 있다고 생각했다. 당시 사람들은 메뚜기가 하늘에서 파견한 신령한 곤충이라고 믿어서 만약 어느 곳에서 메뚜기 떼가 발생했다면, 그곳에 있는 사람이 죄를 지었기 때문에 하늘이 메뚜기를 보내 그 지방 사람들을 벌한다고 생각했다.

백성들이 이처럼 황당한 주장을 신봉하여 메뚜기 떼의 재앙을 수수방관하자 나은이 과감하게 앞장서 현의 모든 사람들에게 메뚜기를 잡도록 명령했지만, 당장 보수적인 관리세력으로부터 비난을 받았다. 많은 어리석은 백성들도 대역무도한 짓이라며 비난하고 나섰다. 동료들의 공격과 백성들의 반대에 부딪치자 나은은 회의를 소집하고 격앙된 목소리로 말했다. "메뚜기들이 이곳에서 멋대로 설치는 것은 미신을 신봉하는 그대들 때문이오. 메뚜기 떼는 분명 자연계의 현상일 뿐이거늘 어리석은 믿음 때문에 그대로 방치한다면 결국에는 풀과 잎뿐만 아니라 사람까지도 먹어버릴 것이오. 우리가 힘을 모아 메뚜기를 없애기만 한다면 반드시 그 피해를 줄일 수 있을 것이오!"

나은의 엄격하고 신속한 행동은 보는 이들의 마음을 움직여 즉시 모든 현 내의 메뚜기를 없애는 계획을 세우게 했다. 동시에 메뚜기를 퇴치하는 데 많은 공을 세운 사람들에게 큰 상을 주기로 했다. 백성들에게 메뚜기란 두려운 존재이기도 했지만 본래 원망스러운 것이었다. 사람들은 나은의 말을 듣고 마음속의 두려움을 떨쳐내고 최선을 다해 이 해로운 곤충을 없애는 대열에 참여했다. 여러 가지 방법을 동원해 메뚜기를 퇴치하자 얼마 지나지 않아서 마침내 그 많은 해충들이 사라지게 되었다.

이렇게 되자 이웃 현의 현령은 매우 불만스러웠다. 나은이 메뚜기를 없애는 공을 세워 오월왕吳越王 전류錢鏐로 부터 큰 상을 받았을 뿐만 아니라 백성들로부터 높은 지지와 깊은 사랑을 받는 것을 보고서는 마음속이 매우 불편했다. 그는 나은의 어떠한 약점도 찾을 수가 없었기 때문에 억지로 흠을 들춰낼 수밖에 없었다. 그 흠이란 나은이 메뚜기를 박멸했기 때문에 신령의 노여움을 샀고, 또 그 메뚜기 떼들을 자신의 현으로 몰아냈다는 것으로 그야말로 억지주장이었다. 이런 두 가지의 이유를 빌어서 급하게 상소를 올려 나은을 탄핵했다.

다행히 오월왕 전류가 비교적 총명하여 나은을 질책하지 않았다. 그는 웃으면서 이웃 현령이 올린 상소를 나은에게 보여주며 말했다. "이 일은 아무래도 그대가 알아서 처리하는 것이 좋을 듯하구나."

나은은 상소를 읽고 나서 일고의 가치도 없다는 듯이 웃으며 말했다. "참으로 황당한 일이옵니다." 그리고는 즉시 생동감이 넘치는 서체로 다음과 같이 적었다.

메뚜기가 만약 신물이라면,
어찌 본인이 함부로 없앴겠는가?
기왕 우리 현에서 보낸 것이라면,
청컨대 귀현에서 돌려보내주시오.

蝗蟲若是神物,
豈隨本人安排?
既是本縣遣去,
還請貴縣送來.

살아가는 동안 우리는 다양한 형태의 알맹이 없는 형식적인 권위와 부딪치게 된다. 이로 인해 항상 긴장과 불안에 떨며, 놀라 어찌할 바를 모르게 되어 생활하는 데 큰 장애가 된다. 이런 경우에는 설득력 있는 논리로 과감하게 권위를 타파하고 기존의 틀을 깨야지만 가짜 권위에 대한 눈먼 믿음에서 풀려나 새로운 세계관을 가질 수 있다.

✤

어려움 속에서도 꺾이지 않는 의지

황도파黃道婆는 송강松江 오니경진烏泥涇鎭에서 태어났는데 바로 오늘날의 상해시 화경진華涇鎭이다. 그녀는 일생이 불우하여 많은 어려움을 겪었다. 아주 어렸을 때엔 죽도 못 먹을 정도로 가난해서 부모는 어쩔 수 없이 그녀를 다른 집의 민며느리로 보냈다. 무서운 시어머니와 냉정한 남편은 어린 그녀가 감당하기엔 너무 어렵고 힘든 일을 시켰으며 조금이라도 마음에 들지 않으면 마구 때렸다. 심신이 망가져 더 이상 참을 수가 없었던 그녀는 달이 없는 어두운 밤을 틈타 야반도주하였다.

어디로 가야할 지를 몰랐던 그녀는 후에 애주崖州까지 흘러들게 되었으며 그곳이 오늘날의 해남성 해구시海口市이다. 거기에는 여족黎族이 많이 살고 있었다. 그들은 면화를 잘 재배하여 일찍부터 방직을 할 수 있었고 기술도 매우 뛰어났다. 현지 사람들은 황도파의 처지를 동정하고, 그녀가 매우 총명하며 기민한 것을 보고는 모두 그녀를 좋아했다. 황도파는 선량한 여족사람들에게 그들의 면화 재배법과 방직기술을 배울 수 있도록 해달라고 청했다. 그녀는 한捍, 탄彈, 방紡, 직織 등 여족들이 가진 모든 기술을 배웠고 매우 빠른 속도로 발전했다. 그녀는 또 그들의 기술을 주의 깊게 관찰하여 기술을 개량하고 부단히 색의 배합이나 도안 등을 실험했다.

세월은 유수같이 흘러 여족사람들과 생활한 지 30년이 되었고, 황도파는 이미 소녀에서 50살의 할머니가 되었다. 그들은 서로에게 깊은 정이 들었지만, 속담에 '잎이 떨어지면 뿌리로 돌아간다.'고 했던가. 고향에 두고 온 부모와 친척들이 그리워진 그녀는 배를 타고 고향으로 돌아왔다.

고향으로 돌아온 그녀는 방직기술이 낙후된 것을 보고는 자신이 배웠던 여족의 기술을 바탕으로 그곳의 방직기술을 발전시키기로 마음먹었다. 그녀가 개량한 방차紡車는 발로 밟을 수 있을 뿐만 아니라, 동시에 세 가닥의 면사를 짤 수 있었다. 이렇게 되어 효율이 크게 제고 되었다. 그녀가 만든 방직기는 많은 아름다운 꽃무늬를 짜낼 수 있었고, 또한 그녀는 착사錯紗나 배선配線, 배색配色, 설화挈花 등의 기술을 개발했다. 이를 사용하여 짜내는 천은 꽃잎, 봉황, 바둑판 등과 같이 각양각색의 아름다운 무늬가 있었다.

그녀의 가장 큰 업적은 여족이 생산한 면직품인 애주피崖州被의 직조방법을 고향의 부녀자들에게 전수해 주었다는 것이다. 후에 사람들은 이러한 방법을 사용하여 생산한 면직품을 '오니경피烏泥涇被'라고 불렀는데, 이 제품은 멀리 북방까지 팔려나갈 정도로 전국을 풍미했다.

이러한 기술과 생산품들은 사람들에게 호평을 받아 금방 유명해졌고, 그녀가 개발한 기술은 소주蘇州와 항주杭州까지 전해져 면화방직 수공업이 일시에 발전했다.

통계에 따르면 원나라 말년에 이미 송강 일대의 천여 가구 주민들이 방직업에 종사했다고 하며 그녀의 기술은 단순히 농사에 의지하여 삶을 꾸려나가던 가난한 사람들에게 좀 더 풍요로운 생활을 할 수 있게 했다.

사람들은 그녀가 가져다준 기술과 풍요로움에 감사하기 위해 도처에 황도파의 공덕을 널리 알렸다. 송강 오니경진에는 당시부터 전해지는 민요가 하나 있다. '황도파, 황도파! 나에게 실 뽑는 것을 가르쳐주오. 나에게 실 짜는 것을 가르쳐주오. 두 통에 두 필 천.' 그녀가 세상을 떠난 후 오니경진 사람들은 특별히 그녀를 위해 '선면사先綿祠'를 세워 그녀의 뛰어난 방직기술과 창조정신에 대한 존경과 그리움을 나타내었다.

모든 일에는 소위 대가라고 할 만한 사람들이 있다. 사람들이 얘기하는 '삼백육십 가지의 일마다 모두 장원이 난다.'는 말이 바로 이런 뜻이다. 세상의 어떤 평범한 일이든 힘써 노력하고 열심히 몰두하며, 용감히 실천하고 과감히 새로운 것을 창조하면 위대한 업적을 이룰 수 있다.

✢

양초 속의 뇌물

명나라의 대신 풍경豊慶은 하남에서 포정사布政使를 맡고 있었다. 그는 벼슬에 있으면서 정직하고 기율을 엄격히 하여 공명정대하기로 이름이 났으며, 자주 부속 주현州縣을 순찰하며 관원들의 업적과 덕행을 살피면서 횡령이나 수뢰가 없는지를 조사했다.

한번은 지현知縣(지방을 다스리던 수령-옮긴이)이라는 벼슬을 하고 있던 어떤 사람이 풍경이 순시하러 온다는 말을 들었다. 그는 자주 뇌물을 받았기 때문에 그 일이 풍경의 귀에 들어가지 않을까 걱정했다. 풍경의 비위를 맞추며 사정을 잘 봐달라고 하기 위해 많은 고심했다. 성격이 곧기로 이름난 그가 자신의 성의를 받아주지 않는다면 오히려 자신이 더욱 난처해질까 걱정하면서 마침내 계책을 하나 생각해 냈다.

풍경이 순시를 온 날 지현은 숙소를 방문했고, 두 사람이 한참 동안 이야기를 나누고 작별할 때에 가슴속에서 종이로 둘둘 만 물건 하나를 꺼냈다. 마치 초 크기의 가늘고 긴 것으로 그는 살짝 허리를 굽히고 얼굴에는 미소를 띠며 말했다. "이 초는 별것 아닙니다. 아랫사람이 초면에 인사치레로 드리는 것이니 받아주십시오."

풍경은 그 관원의 얼굴에 성의가 가득하고, 자신에게 매우 친절했기 때문에 면전에서 거절하기가 어려웠다. 게다가 그 물건이 분명 특별한 것도 아닌 초 몇 개에 불과한 것이라서 웃으며 받았다.

저녁이 되자 풍경은 평소와 마찬가지로 잠자리에 들기 전에 책을 보기 시작했다. 수행하던 하인이 방에 와서 초에 불을 붙이려고 들어보니 묵직했다. 다시 자세히 살펴보니 겉은 초였지만 안은 모두 황금이었다.

"어찌 초에 불이 붙지 않는가?" 풍경이 초에 불이 붙어있지 않은 것을 보고는 물었다.

"세상에 불 붙일 수 있는 금이 어디 있겠습니까?" 시종이 대답했다. 그리고는 그 초에 대하여 풍경에게 말했다.

"내가 받은 것은 양초이다. 양초에 불을 붙일 수 없다면 무슨 소용이 있는가? 선물한 사람에게 다시 돌려보내도록 해라!" 풍경은 그 황금 초를 다시 잘 포장하여 돌려주며 한 마디 했다. "그대가 나에게 선물한 초는 불이 붙지 않으니 불이 잘 붙는 초로 바꾸어 주게! 다만 자신이 지른 불에 스스로 타죽지 않도록 조심하고! 이후에 다시는 이런 어리석은 일을 하지 말게나."

지현은 황금 초를 돌려받고서는 안절부절못하며 자신이 파면되어 조사받을 날이 머지않았다고 생각하고는 관직으로 버리고 떠나려 했다. 하지만 며칠이 지났는데도 별다른 움직임이 없었다. 어느 날 다시 풍경을 만나자 지현은 황급히 고개를 숙여 잘못을 빌었다.

풍경이 말했다. "그대는 단지 초를 잘못 건네주었을 뿐이니 이후에는 일을 하는 데 조심해서 하게나. 이 일은 입 밖에 내지 않도록 할 것이네. 스스로가 자신의 잘못을 깨달을 수 있다는 것은 곧 스스로에게 고칠 수 있는 기회를 주는 것이니 백성들을 위해 좋은 일들을 많이 하도록 하게!"

지현은 그 후로 더 이상 나쁜 짓을 저지르지 않았으며, 백성들을 수탈하지도 않았다.

사람이 세상을 살아가면 많은 유혹에 직면하게 된다. 관직에 있든지 장사를 하든지 아니면 학문을 하든지 유혹은 뜻하지 않게 만나게 된다. 이럴 때 자신에게 엄격하고 남에게 관대하면 자신을 비방하는 사람과 유혹하는 일로부터 멀어져서 명예를 지켜나갈 수 있다.

황제에게 법과 원칙을 지키라고 간언하다

장흠張欽은 명나라 무종武宗 때 순관어사巡關御史로 성격이 강직하고 충실히 직무를 수행하며 원칙을 매우 중시하여 규정을 어기는 일이 있으면 설사 그것이 '군명君命'이라 할지라도 감히 받아들이지 않았다. 이때문에 사람들은 그에게 '철면어사鐵面御史'라는 칭호를 붙여 주었다.

무종은 매일 주색과 사냥을 일삼는 방탕한 생활을 하며 향락에 빠져 지냈다. 그가 총애하던 신하인 강빈江彬은 항상 옆에서 온갖 놀이를 찾아 제안하며 황제의 마음을 즐겁게 하려고 했다. 한번은 강빈이 자신의 고향 선부宣府 일대에 즐길 만한 곳이 많이 있다고 하자, 무종은 마음이 급하여 당장 몰래 궁을 빠져나와 순행하며 놀기로 결정했다. 강빈과 몇 명의 수행원들만 따르도록 하고 황제는 미복微服(지위가 높은 사람이 몰래 살피러 다닐 때에 남의 눈을 피하려고 입는 남루한 옷차림—옮긴이)을 입고 덕승문德勝門으로 빠져나갔다.

조정에서 조례를 기다리던 대신들이 황제가 미복을 입고 궁 밖으로 나갔다는 사실을 알았을 무렵 무종 일행은 이미 창평昌平을 향해 가고 있었다. 규정에 의하면 황제가 궁을 나갈 때에는 반드시 조정 대신들과 먼저 상의를 하고, 안전을 위해 백관과 군대의 호위를 받아야 했다. 신하들은 황제가 궁에 없는 틈을 타 누군가 반역자들과 결탁하여 역모를 일으키지나 않을까 걱정하여 대학사 양저梁儲 등이 지름길로 말을 달려 사하沙河 부근에서 마침내 무종 일행을 따라잡았다. 그러나 황제의 마음은 여전히 밖으로 나가 놀 생각으로만 가득차서 대신들이 아무리 말려도 듣지 않고 그대로 계속 길을 갔다.

이때 장흠은 거용관居庸關에 있었는데, 이 소식을 듣고는 즉시 상소를 올렸다. 성 밖 변경에는 위험한 무리들이 도사리고 있으니 정식호위를 받지 않고 있는 황제는 궁으로 다시 돌아가야 한다는 내용이었다. 무종은 장흠의 상소에 전혀 신경 쓰지 않고 계속 길을 나섰다. 거용관에 들어서자 무종은 수행하던 사람을 파견하여 황제의 가마가 도착했다고 알리도록 하고 문을 열라고 명령했다. 황제가 자신의 고집대로만 행동하자 장흠은 어쩔 수 없이 문을 굳게 닫으라는 명을 내리고는 열쇠를 감추어 버렸다. 그리고 함부로 문을 여는 자는 누구를 막론하고 목을 베어버릴 것이라고 말했다.

장흠이 이런 준비를 하는 동안 무종의 가마가 도착했고 수행원 중 한 명이 성문 앞으로 다가와 문을 열라고 명하자 문을 지키는 병졸이 대답했다. "신은 장 어사의 명령을 받들어 성문을 굳게 지키고 있습니다. 제 마음대로 문을 열 수 없으니 대인께서는 이해해 주십시오." 수행원은 돌아와서 무종에게 그대로 아뢰었다.

장흠은 아예 칼을 쥐고 문 아래 앉아서 병사들에게 말했다. "문을 열라고 말하는 자는 목을 벨 것이다!"

그들은 해가 질 때까지 대치했다. 장흠은 궁중의 제왕이 출행出行하는 규칙과 관례를 인용하며 새로운 상소를 썼다. 간신들이 폐하의 이름을 빌어 반란을 꾀할 가능성을 이야기했으며, 끝으로 만약 황제가 계속해서 궁을 나가려고 한다면 반드시 황제임을 나타내는 '여섯 가지 보물'을 갖고 있어야만 문을 열 수 있다고 했다. 만약 그렇게 하지 못한다면 끝까지 원칙을 고수하여 죽어도 황제의 명을 받들 수 없다고 썼다.

상소가 아직 무종의 손에 전해지기도 전에 명령을 재촉하기 위해 또 다른 사자가 파견되었다. 장흠은 얼굴을 붉히며 파견된 사람에게 말했다. "네가 만약 황제를 위하는 생각이 있었다면, 절대로 황제를 모시고 나오지 말았어야 했다! 네가 또 다시 온다면 나의 보검이 가만히 있지 않을 것이다!"

사자는 이를 보고는 황급히 도망쳤다. 사자의 말을 듣고서 일개 어사가 감히 자신의 뜻을 어기는 것에 화가 난 무종은 당장 장흠을 잡아오라는 명령을 내리려 했다. 그때 마침 조정 문무백관들의 상소가 빗발쳤고 장흠의 상소도 그 속에 있었다. 그제야 무종은 멋대로 미복을 입고 궁을 나온 것이 자신뿐만 아니라 국가의 안위까지 해칠 수도 있다는 생각을 하게 되었다. 그러한 생각이 들자 스스로 도리에 맞지 않는 행동을 했다는 것을 깨닫게 되었고, 모두의 권유에 따라 궁으로 돌아갔다.

중용의 도는 어떤 경우에는 정확하다. 물론 단순하게 고식적으로 얽매이면 한 가지 일도 이루지 못할 수도 있다. 그러나 만약 자신의 출발점이 옳다면 원칙을 견지하고 그것을 지키는 데 두려워하지 말아야 한다.

바람소리만을 듣고도 즉시 대처하다

전쟁 중에는 눈 깜짝할 사이에 국면이 변하므로 능력 있는 장군이라면 모든 상황을 주의 깊게 관찰해야만 기회를 잘 포착하여 승리를 거둘 수 있다. 청나라 대장군 연갱요年羹堯는 그러한 능력이 뛰어난 사령관이었다.

어느 해인가 서남지역에 반란이 일어나 조정과 국가의 안전을 위협했다. 연갱요는 그 탁월한 지휘능력과 노련함 때문에 문무백관 중에서도 명성이 높았으며 황제도 그를 매우 신임했다. 그래서 조정은 연갱요에게 군대를 통솔하여 반란을 진압하도록 했다.

연갱요는 군사들을 이끌고 서남으로 행군하여 낙롱종落籠宗이라는 곳에 도착했는데 서남쪽 먼 곳으로는 울창한 숲만 펼쳐져 있었다. 연갱요는 적군이 여기서 천 리나 떨어져 있으니 오늘은 이곳에서 주둔을 하고 충분히 휴식을 취한 뒤 내일 다시 길을 떠날 것이라고 명령을 내렸다. 긴 행군을 하느라 매우 지쳐있던 군사들은 깊은 잠에 빠졌고 사방은 고요했다.

한밤중에 갑자기 마치 전설에 나오는 요풍妖風처럼 서쪽에서 질풍이 불어오더니 순식간에 사라졌다. 연갱요는 바람소리를 듣고 바로 잠에서 깨어났다. 그는 직감적으로 의외의 상황이 발생할 것이라는 생각이 들었고 잠시 뒤 참모장을 불렀다. "방금 불어온 서풍이 아무래도 괴이하여 심상치 않은 일이 벌어질 듯하구나. 모르긴 해도 이 부근에 적의 매복이 있는 듯하니 그대는 지금 신속히 경기병 300명을 인솔하여 서남쪽의 저 빽빽한 숲을 샅샅이 수색하고 수상한 점이 없는지 살펴보아라."

참모장이 황급히 말했다. "장군께서 오시는 길에 많이 지쳐서 너무 긴장하신 것입니다. 저는 특별히 기괴한 바람을 느끼지 못했습니다." 그리고 계속해서 말했다. "더욱이 적군은 아직 천 리 밖에 있어서 야간을 틈타 기습을 한다고 해도 이처럼 빠를 수는 없으니 장군께서는 좀 더 쉬는 것이 어떨까 합니다."

하지만 연갱요는 여전히 명령을 거두지 않았다. 군령은 산과 같으니 비록 참모장은 반신반의했지만 어쩔 수 없이 300명의 경기병을 데리고 서남쪽 숲을 수색했다. 그랬더니 과연 수백의 적군이 매복해 있는 것을 발견했고, 참모장은 순식간에 기습 공격을 하여 한 명도 남김없이 사살했다.

참모장이 싸움에 이기고 돌아와서 연갱요에게 상황을 보고했는데 장군의 판단력이 감탄스럽기도 하고 신기하기도 했으며, 그에게 확실히 신통력이 있다고 생각했다.

참모장은 허심탄회하게 연갱요에게 물었다. "장군께서는 어떻게 매복이 있는 줄 아셨습니까?"

연갱요가 말했다. "내가 바람이 기괴하다고 생각했던 것은 너무 급히 왔다가 급히 갔기 때문이고, 또한 지금 시기에는 서풍이 잘 불지 않기 때문에 보통의 바람이 아니라고 생각했던 것이다. 그래서 바람은 부근에 있는 빽빽한 숲에서 왔으며, 당연히 새 무리가 날아갈 때 일어난 것이라고 판단한 것이다. 이처럼 조용한 밤에 새 무리가 평안

히 나무에서 쉬지 않고 갑자기 숲을 날아다녔다면 그 이유는 단 한 가
지, 놀라서 그런 것이다. 이런 이유로 나는 서남쪽 숲속에 적군들이
매복해 있을 것이라고 추측한 것이다."

　이 말을 듣고 참모장과 군사들은 작은 일로 모든 것을 꿰뚫어 볼 수
있는 연갱요의 판단능력에 감탄하지 않을 수 없었다.

이정李靖의 병법에 다음과 같은 말이 있다. '물의 흔적을 보면 적군이 강을 건넌
시기를 알 수 있고, 나무의 움직임을 보면 말을 달린 속도를 판단할 수 있다.'
사물을 관찰할 때에는 현상의 본질을 잘 살펴야 하고 작은 부분을 주의 깊게 관
찰해야지만 정확한 판단과 결정을 내릴 수 있다.

✤

세 척尺을 양보하다

　청나라 중기에 재상을 지낸 장영張英은 안휘 동성桐城 사람으로 마
음을 닦고 품성을 함양하는 것을 중시하여 사람들의 존중과 사랑을
받았다. 또한 효심이 지극하여 조정에서 벼슬을 할 때에도 고향에 계
신 모친을 뵈러 자주 집으로 내려갔다.
　모친이 사는 이웃에 섭葉씨 성을 가진 시랑侍郎이 있었다. 장연이
한번은 모친을 보러 집으로 갔다가 방이 낡아서 금이 간 것을 보고는
아랫사람에게 집 전체를 수리하도록 명하고 돌아왔다.

116

마침 공교롭게도 이웃에 사는 시랑도 집을 넓히면서 두 집 중간에 있는 빈 땅을 차지하려고 했다. 장영의 집에서도 그 땅에 회랑回廊을 지을 생각을 갖고 있었기 때문에 두 집 사이에 다툼이 생기게 되었다. 장영의 집에서 땅을 파고 기초공사를 하자 섭씨 집에서는 나중에 사람을 시켜 흙으로 메워 버렸고, 섭씨 집에서 공사를 시작하려고 자로 땅을 측량하면 장영의 집에서는 사람들이 우르르 몰려나와 측량 도구를 빼앗아가 버렸다. 두 집은 여러 차례 말다툼을 하다 결국 큰 싸움까지 벌어졌지만, 서로 조금도 양보하려 하지 않았다.

화가 난 장영의 어머니는 장영에게 편지를 써서 당장 집으로 돌아와 이 일을 처리하라고 했다. 장영은 편지를 다 읽고 나서 느긋하게 붓을 잡고 짧은 시를 한 수 적었다.

천리 집에서 온 편지가 단지 담장 때문이니,
다시 세 척尺을 양보한들 무슨 지장이 있겠는가?
만리장성은 오늘도 여전한데,
당시의 진시황은 보이지 않네.

千里家書只爲墻,
再讓三尺又何妨?
萬里長城今猶在,
不見當年秦始皇

편지를 잘 봉하고 사람을 시켜 속히 돌려보냈다. 장영의 어머니는 아들이 돌아와서 그 땅을 빼앗아 줄 것이라고 생각하고 있었으나 뜻밖에 돌아온 것은 한 통의 편지뿐이었다. 모친은 편지를 다 읽고 나서 크게 깨닫는 바가 있어 아들의 뜻을 분명히 이해하게 되었다. 세 척의 땅 때문에 두 집의 화목함도 깨어지고 자신의 몸도 망가졌으니 참으로 가치 없는 싸움이었던 것이다.

노부인은 그제야 아들의 뜻에 따라 담을 세 척 뒤로 물렸고, 이것을 본 이웃집도 마음속으로 매우 부끄러워하며 역시 담장을 세 척이나 양보하고 직접 찾아와 사과했다. 그러자 두 집이 다투던 세 척의 땅은 여섯 척의 큰 골목으로 넓어졌다.

현지 사람들은 모두 이 일을 칭찬하고 미담으로 전했으며, 이 골목을 '육척항六尺巷'이라고 불렀고, 어떤 사람은 이를 소재로 해학적인 시 한 수를 지었다.

다투고 다투니
길이 통하지 않다가,
양보하고 양보하니
여섯 척의 골목이 생겼네.

爭一爭,
行不通,
讓一讓,
六尺巷.

옛말에 '작은 일을 참지 못하면 큰 계획을 망친다.'는 말이 있으며, 또 '한 걸음 물러나면 끝없이 넓고 한 순간을 참으면 무사평온하다.'라는 격언도 있다. 참고 양보하는 것이 때로는 하나의 책략이고, 그것의 목적은 더욱 훌륭한 발전을 위해서이다. 뿐만 아니라 참고 양보하면 모순을 해결하기 쉬울 뿐만 아니라 서로 간의 관계가 부드러워지며, 일이 더욱 원만하게 해결된다.

사람이 세상을 살아가면 많은 유혹에
직면하게 된다. 관직에 있든지 기사를 하든지
아니면 학문을 하든지 유혹은 뜻하지 않게 만나게 된다.
이런 때 자신에게 엄격하고 남에게
관대하면 자신을 비방하는 사람과 유혹하는 일로부터
멀어져서 명예를 지키나갈 수 있다.

✤

미인이 관모 끈을 끊다

기원전 606년 초나라 장왕莊王이 군대를 거느리고 두월초斗越椒의 반란을 평정하자 천하가 태평해졌다. 장왕은 매우 기뻐하며 대신들을 초청하여 전쟁의 승리를 경축하고 공신들에게 상을 내리는 '태평연太平宴'이라는 연회를 베풀었다.

문무백관들이 모두 초청되어 술잔이 오고가자 분위기가 무르익었고, 해가 서산으로 떨어졌으나 모두들 아직 흥이 다하지 않은 듯했다. 장왕은 촛불을 켜고 마음껏 계속 즐기도록 했으며, 자신이 가장 총애하는 애첩 허희許姬를 술자리로 불러 손님들에게 술을 따르고 여흥을 돕도록 했다. 모두들 이미 술이 취했으나 미녀가 술을 권하자 더욱 흥취가 올라 자신도 모르게 더 많은 술을 마시게 되었다.

그런데 갑자기 밖에서 큰 바람이 불어 연회석상의 촛불이 꺼져버렸다. 그때 술이 취해서인지 아니면 허희의 복숭아꽃 같은 미소에 취해서인지 누군가 칠흑 같은 어둠속에서 손을 뻗어 그녀의 옷자락을 붙잡고는 손을 만졌다. 허희는 매우 놀랐지만 경황 중에도 힘껏 손을 뿌리치며 그 사람 관모에 있는 끈을 잡고 힘을 다해 끊었다. 그리고 손에 그 끈을 쥐고는 황급히 장왕에게 가서 고했다. "청컨대 대왕께서 소첩의 억울함 풀어주십시오! 제가 대왕의 뜻을 받들어 백관들에게 술을 권하는데 뜻밖에도 누군가 무례하게 촛불이 꺼진 사이에 저를 희롱했습니다."

장왕은 그 말을 듣고 잠시 동안 깊은 생각에 잠겼다. 허희는 조급하기도 하고 부끄럽기도 하여 재촉하며 말했다. "소첩이 경황 중에 그의 관모 끈을 끊어 지금 제 손에 있으니 촛불만 켠다면 누가 한 짓인지 분명히 알 수 있을 것입니다." 말을 마치자마자 시중을 드는 사람이 바로 초에 불을 붙이려고 했다.

그러자 장왕이 급히 말리며 큰 소리로 아래에 있는 대신들에게 말했다. "잠시 멈추어라! 오늘은 모처럼만에 즐거운 날로 과인은 그대들과 마음껏 술에 취하고자 한다. 그대들은 당장 관모의 끈을 자르고, 관모를 한쪽에 놓아두어라. 그리고 조금도 개의치 말고 즐기도록 해라."

대신들은 대왕의 이런 호의를 보고서는 모두 감탄하며 시키는 대로 따랐다. 잠시 뒤 촛불이 켜졌고 백관들은 자신의 직위를 생각지 않고 서로 떠들며 마음껏 기뻐했다. 후에 사람들은 이 연회를 '절영회絶纓會'라고 불렀으며, 허희를 희롱했던 사람은 두려움에 떨었지만 결국 무사할 수 있었다.

허희는 장왕에게 무슨 사정이 있을 것이라고 생각했지만 그의 행동을 이해하지 못하고 물었다. "제가 대왕의 여자로 이런 일을 당했는데 제대로 조사도 안 하시고 오히려 저를 희롱한 사람을 덮어주셨습니다. 이는 저를 다른 사람의 웃음거리로 만드는 것이 아닙니까? 앞으로 어떻게 상하의 예를 엄히 다스리겠습니까? 소첩은 받아들일 수가 없습니다."

장왕은 웃으면서 허희를 위로했다. "비록 그 사람이 너에게 불손했다고 하지만 그건 술이 너무 취해 일어난 실수일 뿐 결코 악의를 갖고 행한 것은 아니지 않느냐? 내가 그들을 불러 술을 마시도록 했고 연회에 참석한 이들은 모두 즐거워하며 천하태평을 노래하는데, 내 어찌 그들의 흥을 깰 수 있겠는가? 네 말대로 했다면 그 사람이 누구인지를 밝힐 수는 있었겠지만, 그는 앞으로 어떻게 얼굴을 들고 다니겠느냐? 또한 나는 뛰어난 신하 한 명을 잃어버릴 것이다. 지금 이대로가 얼마나 좋으냐? 너는 여전히 정결하고 연회 또한 즐거웠으며, 그 사람은 지금쯤 무거운 짐을 벗어버린 것과 같을 것이다. 그리고 너나 나에게 한없이 감사하는 마음으로 앞으로 충성을 다할 것이다."

허희는 장왕의 말에 일리가 있고 생각이 매우 깊음을 깨닫고 더 이상 따지지 않았다.

2년 후 초나라가 군대를 이끌고 정나라를 쳐들어갔는데, 사령관 양襄장군 밑에 있는 당교唐狡라는 부장이 백여 명의 군사를 이끌고 자진해 나서서 앞길을 열었다. 그는 매 전투에서 항상 제일 앞에 나아가 용맹스럽게 싸워서 승리했고, 그로 인해 초나라 군대는 순조롭게 진군할 수 있었다. 장왕은 이 기쁜 소식을 듣고 양 장군을 불러 공을 치하하려고 했는데 양 장군이 공손히 대답했다. "대왕께서 상을 내리시려면 부장인 당교에게 내리십시오! 만약 그가 죽음을 무릅쓰고 앞길을 열지 못했다면 저희들 역시 이처럼 순조롭게 나아가지 못했을 것입니다."

당교가 장왕의 부름을 받고 와서 말했다. "대왕께서 예전에 저의 목숨을 한 번 살려주셨기에, 저는 다만 죽음으로써 보답하는 것입니다. 상이라니 당치도 않습니다."

장왕이 의아해하며 물었다. "내가 언제 그대의 목숨을 살려주었는가?"

"대왕께서는 '절영회'에서 허희의 손을 잡은 사람이 누군지 아시
겠습니까? 그 사람이 바로 접니다!"

한 사람의 원한을 풀면 백 명과 함께 즐거워 할 수 있으며, 한 번의 실수를 용서
해 주면 훗날 큰 영광을 누릴 수 있다. 이것이 바로 관용의 힘이다.

동서고금을 통해 사람을 잘 쓸 줄 아는 이들은 반드시 관용의 마음이 있었다는
것을 알 수 있다. 관용은 곧 모든 지도자나 경영자가 반드시 갖추어야 할 덕목이
다. 사람이 모두 완벽할 수 없으니 뛰어난 점은 널리 알리고 결점은 감추어야 한
다. 만약 다른 사람에게 완전무결한 것을 요구한다면 세상에 쓸 만한 인재가 없
을 것이다. 초나라 장왕은 이 진리를 알고 있었으니, 연회에서 죄를 추궁하지 않
는 것은 얼마나 현명한 일인가!

✢

포정庖丁이 소를 해부하다

옛날에 포정庖丁이라는 주방장이 있었는데, 한번은 문혜군文惠君이
그를 불러 소를 잡도록 했다. 포정의 소 잡는 기술은 그야말로 뛰어
나서 손이 닿는 곳이나 어깨로 받치는 곳, 발로 밟는 곳, 무릎을 괴는
곳은 모두 획획 소리와 함께 뼈와 살이 분리됐고, 칼이 들어가 자를
때에도 쉭쉭 소리가 났다. 더구나 이 소리들은 너무나 아름다워서 탕

125

임금 때의 악곡인 상림桑林이나 요임금 때 악곡 중 하나인 경수硬水의 음률에 딱 들어맞았다.

이러한 광경을 본 문혜군은 감탄하며 말했다. "참으로 훌륭하구나. 나는 지금껏 이러한 기술은 본 적이 없다. 그대는 어떻게 이 경지까지 이를 수 있었는가?"

포정은 칼을 내려놓고 대답했다. "제가 좋아하는 것은 도道로서 이미 기술의 경지를 넘어선 것입니다. 처음 소를 잡기 시작했을 때 눈에 보이는 것은 소뿐이어서 손을 댈 수가 없었지만, 몇 년 뒤에는 이미 소의 내부 구조를 잘 알게 되었기 때문에 더 이상 제 눈에는 소의 몸이 보이지 않게 되었습니다. 이제 저는 소를 눈으로 해부하지 않고 마음으로 합니다. 소의 자연적인 구조에 따라 순리에 맞게 칼을 놀릴 뿐입니다. 근육 안의 틈을 젖히거나 뼈마디에 있는 큰 구멍에 칼을 넣어 분리하면 경락이나 뼈가 서로 연결된 곳, 혹은 더욱 큰 뼈와 부딪치지 않고도 소를 해부할 수 있습니다. 훌륭한 주방장은 1년에 한 번 칼을 바꾸는데 그것은 칼로 근육을 베기 때문이고, 보통의 주방장은 한 달에 한 번 칼을 바꾸어야 하니 그것은 칼로 뼈를 자르기 때문입니다. 지금 제가 쓰고 있는 칼은 19년이나 되었고, 그동안 잡은 소만도 이미 수천 마리가 넘었지만 이 칼날의 날카로움은 여전히 방금 숫돌에 간 것과 같습니다. 이것은 왜 그렇겠습니까?"

문혜군과 주위 사람들은 전혀 대답하지 못하고 조용히 포정의 이야기를 기다렸다. 포정이 이를 풀이해서 말했다. "소를 잡는 과정에서 저는 천천히 하나의 도리를 깨달았습니다. 소의 뼈 관절과 근육 사이에는 간격이 있는데 칼날은 두께가 얼마 되지 않아 그 사이로 충분히 들어갈 수 있습니다. 얇은 칼날을 뼈와 근육 사이의 틈에 넣어 자르기 때문에 당연히 막힘이 없고 칼을 휘둘러도 여유가 있습니다. 그래서 이 칼은 19년 동안이나 사용했지만 여전히 새것과 마찬가지입니다.”

그는 잠시 생각하고는 말했다. “저는 소의 구조에 대해 이미 손바닥 보듯 훤하며 칼 쓰는 기술도 최고의 수준이 되었습니다. 그러나 매번 뼈와 심줄이 한데 얽히거나 복잡한 곳을 만나면 쉽게 다룰 수 없다는 것을 알기 때문에 매우 집중하고 행동을 조심스럽게 하며, 가장 쉽게 손을 놀릴 수 있는 부분을 정확하게 선택하여 칼을 가볍게 움직입니다. 그러면 소는 마치 흙덩이가 땅에 떨어지듯이 와르르 해체됩니다. 이때에도 소는 아직 자신이 죽었는지조차 모릅니다.”

세상을 살아가면서 행복과 성공을 모두 얻으려면, 어지럽고 변화무쌍한 겉모습에만 미혹되어서는 안 된다. 눈앞의 짙은 안개를 헤치고 핵심과 본질을 분명히 파악하고 사회의 규범이 무엇인지 알며, 사회가 움직이는 원칙과 개인의 성공과 실패에 대한 법칙을 깨달아야 한다. 인위적인 법이 아닌 사회규범을 준수하는 범위에서 사고하고 행동해야 포정처럼 ‘얇은 칼날을 이용해 틈이 있는 곳으로 들어갈 수 있다.’ 그렇게 되면 사회에서 무리하지 않고도 여유 있게 일을 처리할 수 있고, 행하는 것마다 순조롭지 않은 것이 없게 된다.

⚜

안자晏子가 초나라에 사신으로 가다

춘추시대 제나라 사람 안자晏子는 얼굴이 아주 못생겼고 키가 작아서 전혀 볼품이 없었지만, 재주가 뛰어나고 머리가 영민하여 나라 안에서 그의 재능을 따를 자가 없었다. 그는 세 치 혀와 높은 경륜으로 매우 빨리 높은 자리에 올랐다.

제나라 왕은 이 능력 있는 재상을 아주 신임했으며 중요한 일은 모두 그에게 맡겼다. 한번은 안자가 왕의 명을 받들어 초나라로 갔다. 초나라는 당시 매우 부강했지만, 제나라는 상대적으로 낙후되어 있었으며 이제 막 발전하고 있는 나라였다. 그렇지 않아도 다른 나라들을 하찮게 여기던 초나라 왕은 키 작고 얼굴도 못생긴 사신을 보고 제나라를 더욱 무시했다.

초나라 왕은 안자의 키가 매우 작은 것을 보고는 자신의 나라가 얼마나 크고 강한지를 보여주기 위해 그를 희롱하려고 했다. 그는 안자가 조롱을 당하더라도 어쩔 수 없이 참을 수 밖에 없을 것이라고 생각하고는 궁전 정문 옆에 개구멍 크기의 문을 하나 만들었다. 안자가 마차를 타고 궁 입구에 도착하자 성문의 시위侍衛들은 초나라 왕의 뜻에 따라 그를 그 작은 문 앞으로 인도하며 말했다. "우리 왕께서는 그대가 이 문으로 들어가시기를 공손히 청하셨고, 벌써 오래전부터 기다리고 계십니다."

안자는 금방 초나라 왕의 의도를 파악했지만 화를 참으며 정문으로 발걸음을 옮겼다. 시위는 즉시 그를 제지하며 말했다. "어찌 이 문으로 들어가려고 하십니까! 저쪽으로 가서야 합니다!"

안자는 날카롭고 엄숙하게 말했다. "타국을 방문하는 사신이 당연히 정문으로 들어가야지 그 쪽의 문은 기껏해야 개구멍 아닌가. 나는 그대들이 날더러 개들이나 드나들 문으로 들어가라는 이유를 모르겠네! 설마 궁 안에 있는 사람들이 모두 개라면 모를까? 설마 내가 알현해야할 분이 개는 아니겠지?"

지키고 있던 병사들은 안자가 보통사람이 아니라고 생각했으며 마땅히 대답할 말을 찾지 못하고 어쩔 수 없이 정문으로 들어가도록 했다.

초나라 왕은 자신의 계획이 실패한 것을 알았지만 여전히 미련을 버리지 못하고 기회를 봐서 다시 안자의 버릇을 고쳐주어야겠다고 생각했다. 안자가 위풍당당하게 궁으로 걸어오는 것을 보고서 화가 난 초나라 왕은 여러 대신들의 앞에서 비웃듯이 물었다.

"제나라에는 버젓하게 생긴 사람이 하나도 없단 말인가! 혹시 그대가 제나라에서 가장 키 큰 사람은 아니겠지? 행여 그대처럼 생긴 사람이 제나라에서 제일 잘난 얼굴은 아니겠지?"

안자는 왕이 이처럼 무례하게 치욕스러운 말을 할 것이라고는 생각지도 못했지만, 담담한 표정으로 왕을 보면서 침착하게 대답했다. "대왕께서 모르시는 것이 있습니다. 저희 제나라 왕은 본래 외교에 있어 예의를 중시하는 분이라 사신들을 다른 나라에 파견할 때에는 여러 가지를 고려하십니다. 그 중에 한 규정이 바로 어진 사람으로 하여금 어진 군주를 알현하도록 하고, 용렬하고 비속한 사람은 용렬하고 무능한 나라에 보냅니다. 그러니 저에게 무슨 덕이 있고 어떤 재능이 있겠습니까? 대왕을 알현하러 오겠다고 제가 끈질기게 요청해서 제나라 왕이 겨우 허락해주었습니다!"

초나라 왕은 그제야 자신이 방금 제왕의 품격을 벗어난 매우 우둔한 행동을 했음을 깨달았지만, 안자의 진중하고 태연한 모습에 마음속으로 매우 불쾌했다.

왕은 고심 끝에 다시 계략을 생각해내었다. 그는 안자를 곤경에 빠뜨릴 모든 준비를 하고서 성대한 연회에 초청했다. 마침 왕과 안자가 이야기를 하는 도중에 병사들이 포승에 꽁꽁 묶인 죄인을 끌고 들어왔다.

왕이 큰 소리로 물었다. "너희들이 잡아온 자는 누구며, 무슨 죄를 지었느냐?"

병사들이 대답했다. "대왕께 아룁니다. 이 자는 원래 제나라에서 왔는데 다른 사람의 물건을 훔쳤습니다."

죄인이 황급히 꿇어앉아 잘못을 빌었다. "용서하여 주십시오. 다시는 그렇지 않겠습니다."

왕은 안자를 흘겨보며 말했다. "제나라에는 아직도 도적들이 설쳐대느냐? 우리 초나라에까지 와서 이런 짓을 하다니!"

안자는 바로 초나라 왕의 의도를 알아차렸고, 또 다시 자신을 곤란에 빠뜨리는 것을 보고는 더 이상 참을 수가 없어 반박하며 말했다. "회남淮南에서 생산된 귤이 회북淮北으로 옮겨지면 탱자가 됩니다. 귤은 달고 향기롭지만 탱자는 떫고 쓴 맛이 나는데 그 이유는 바로 자라는 환경이 다르기 때문입니다. 제가 보기에는 제나라에 도적이 많은 것이 아니라 대왕께서 다스리는 나라가 도적들이 만들어지기에 적합한 것 같습니다! 그렇지 않다면 제나라에 있을 때에는 분수를 지키며 잘 살던 이 사람이 어찌 초나라에 와서는 법을 어기며, 위험을 무릅쓰고 나쁜 행동을 하겠습니까?"

초나라 왕은 안자의 영민함과 침착함을 인정하고는 더 이상 그를 곤란에 빠뜨리지 않았다.

악의적인 공격을 받았을 때에는 그저 피하거나 참고 양보하지 말고 적당히 반격하거나, 겸손함을 벗어던지고 오히려 상대방의 비난을 이용하여 자신의 존엄을 지키면서 지혜롭게 국면을 바꾸어야 한다. 그렇지 않으면 상대방의 부당한 비난과 공격은 끝이 없게 되고 스스로는 매우 피동적인 사람이 되어 버린다.

✢

상서롭지 못한 일을 다시 해석하다

제나라 경공景公은 미신을 매우 신봉하여 항상 자신이 무슨 해를 당하지나 않을까 걱정했으며, 제사를 지내거나 점을 쳐서 모든 일을 결정했다. 어떤 일이 생기면 먼저 조상 앞에 향을 피우고 머리를 조아렸으며, 만약 평소에 조금이라도 이상한 현상을 보게 되면 분명 길흉을 나타내는 예시라고 생각하고 그 현상이 무슨 의미인지 깊이 고민했다.

어느 날 아침 경공은 밖의 날씨가 사냥하기에 딱 좋은 것을 보고는 흥이 나서 궁을 나섰다. 앞뒤로 수행하는 사람들에게 둘러싸인 채 당당하게 산을 오르는데 얼마 지나지 않아 숲 속에서 나무가 부러지는 듯한 소리가 들리더니 세찬 바람이 불어왔고, 경공의 눈에 마구 날뛰는 호랑이 한 마리가 보였다.

"호랑이다!" 그는 크게 놀라며 궁에서 나오자마자 이런 흉악한 맹수를 만난 것이 불길한 징조는 아닌지 혼자 걱정했다.

수행원들은 그가 또 공연한 고민을 하고 있는 것이 아닌가 하여 말했다. "잘못보신 것은 아니신지요? 저희들은 아무것도 보질 못했습니다." 그 말을 들은 경공은 더욱 불안해했다.

조금 뒤 경공이 말을 타고 강을 건너는데 뱀이 물 위를 잠시 헤엄쳐 가다가 사라지는 것을 보았다. 들이나 강에서 이러한 일은 매우 흔하지만 경공에겐 상서롭지 못한 것으로 보였다.

그는 당황하며 수행원에 물었다. "내가 방금 뱀 한 마리를 보았으니 흉한 일이 생길 것 같구나. 이것이 무슨 의미인지 말해 보거라."

수행원들은 적절한 대답을 하지 못하면 대왕이 노여워하지 않을까 걱정하여 한 목소리로 말했다. "저희들은 뱀을 보지 못했습니다."

경공은 사냥을 하면서도 계속 자신이 보았던 두 가지 일에 대해 신경을 썼으며, 결국 큰 마음의 병이 되었다. 궁으로 돌아온 후에도 생각할수록 무슨 좋지 않은 일이 생길 것 같아 안색이 매우 좋지 않았다. 재상인 안자가 그의 얼굴을 보고서는 물었다. "대왕께서는 어디 불편하신 곳이 있으신지요? 어찌 얼굴색이 좋지 않으십니까?"

"오늘 과인이 밖으로 사냥을 가는데 아침 일찍 호랑이 한 마리를 보았고, 잠시 뒤에 또 큰 뱀 한 마리를 만났다. 더욱 괴이한 것은 나만 그것을 보았고 다른 사람은 보질 못했다. 그대는 이것이 길한 징조인지 아닌지를 말해줄 수 있는가?"

안자가 말을 듣고는 속으로 웃었다. 왜냐하면 이러한 걱정이 왕의 오래된 나쁜 습관에서 기인한 것이라는 점을 알고 있었기 때문이다. 그래서 위로하듯 말했다. "제가 알기로 나라에 상서롭지 못한 일이 생길 때에는 크게 세 가지의 징조가 있다고 합니다."

경공은 그것이 어떤 징조이며, 자신이 겪은 일과 맞아 떨어지는지를 알고 싶어서 황급히 물었다. "그 세 가지 징조란 무엇인가? 빨리 말해보시오."

"첫째는 나라에 어질고 능력 있는 선비들이 많지만 임금 된 사람은 오히려 그것을 모르고 것이며, 둘째는 알고 있으면서도 그들을 쓰지 않는 것입니다. 세 번째는 그들을 쓰면서도 마음속의 의심 때문에 신임하지 못해서 인재들이 배반하게끔 하는 것입니다."

경공은 호랑이나 뱀과 관련된 이야기를 한 가지도 듣지 못하자 매우 근심하다가 마침내 물었다. "그렇다면 아침에 내가 만난 것들은 어떻게 해석할 수 있는가?"

안자는 왕이 아직 의심을 갖고 있는 것을 보고는 말했다. "그것은 별로 이상할 것도 없습니다. 산에 가서 호랑이를 보았다면 그것은 호랑이가 자기 굴을 찾아가는 것이고, 강을 건너가다 뱀을 보았다면 그것은 뱀이 자기 구멍으로 들어가는 것입니다. 이 모두는 대왕께서 장차 천하의 용감한 맹장들을 얻으실 수 있다는 것으로 결코 상서롭지 못한 것이 아닙니다."

경공은 안자의 대답에 매우 만족했으며, 동시에 어진 사람이 있으나 그 존재를 알지 못하고, 어진 사람임을 알면서도 등용하지 않고, 또한 그를 쓰면서도 의심하게 될 때의 위해危害를 깨닫게 되었다. 그 뒤로 경공은 어진 사람을 구하는 데 온 마음을 쓰게 되었다.

패업을 이루고자 하는 군왕은 반드시 '인재를 얻으면 흥하고, 인재가 없으면 쇠한다.'는 이치를 이해해야 한다. 인재가 있어도 발견하지 못하고, 발견을 했으나 제대로 중용하지 못하며, 중용을 했으나 제대로 신임하지 못한다면 그는 실패할 수밖에 없다. 또 덧붙이자면 말하는 것은 하나의 지혜가 충만한 예술이다. 말은 아름답게 해야 할 뿐만 아니라 의미 있게 해야 한다. 그리고 듣는 이의 마음에 여유를 주면서도 사리를 분별해 말해야 한다.

⚜

자산子産이 나라를 다스리다

춘추말기 정나라의 재상 자산子産은 정치를 잘하고 나라의 살림을 잘 꾸려나가서 백성들의 민심을 크게 얻었다.

당시 많은 대국들이 호시탐탐 정나라를 노리고 있어서 자산은 나라가 생존하기 위해서 가장 시급한 일이 국력을 키우는 것이라고 생각했다. 따라서 농업을 진흥시키면서, 한편으로 군사비용을 확보하기 위해 새로운 세금을 징수하기로 결정했다. 그러자 일순간에 백성들의 원성이 일어나 그를 매우 원망하였고, 심지어 어떤 사람은 재상을 암살하려는 음모를 꾸미기도 했다. 가족들과 친구들은 앞다투어 생각을 바꾸라고 권유했고 조정 대신들도 나서서 그의 정책을 반대했다.

많은 사람들의 반대에도 불구하고 자산은 조금도 동요하지 않았다. 그는 대중들의 저항을 권위로 억누르고, 이미 결정된 정책을 최선의 정의라고 생각하며 조금의 주저함도 없이 시행했다. "내가 하는 모든 것은 나라와 백성들을 위한 것으로 설사 내 자신의 명리名利가 깎이더라도 아깝지 않다. 만약 처음에는 의욕적으로 시작했다가 마지막이 흐지부지해 진다면, 나라를 일으키기 위해 고민 끝에 생각해 낸 모든 정책들이 수포로 돌아갈 것이다. 나는 지난날과 다름없이 나의 정책을 관철할 것이다. 백성들은 내가 펴는 정책이 당장 효과가 나타나지 않기 때문에 반대를 하고 있지만, 어느 정도 시간이 지나면 분명 나를 이해할 것이다." 그는 처음 먹은 생각을 바꾸지 않았고 반대의 목소리 앞에서도 여전히 자신의 견해를 굳게 지켜나갔다.

몇 년이 지나자 농업을 진흥시키는 계획이 큰 효과를 거두어 백성들의 생활수준이 나날이 높아졌고, 군대도 점차 강대해져서 외부의 침입에 충분히 대항할 수 있게 되어 정나라는 제후국 중에서 점차 확고한 지위를 차지했다.

자산의 정책에 결코 '강경책'만 있는 것은 아니었다. 그는 교육정책을 시행하는 데 있어서는 매우 '관용적'이었다.

정나라는 대대적으로 인재를 육성하기 위해 각 지역에 '향교鄕校'라는 학교를 설립했다. 그러나 당시 정치에 불만을 가진 많은 사람들은 '향교'를 이용하여 통치자와 상반된 의견과 조정에 대한 비판을 널리 퍼트렸다. 만약 그대로 놓아두면 민심이 불안해지고 통치에도 위협이 생길 수 있었기 때문에 많은 대신들이 향교를 없앨 것을 건의했다.

그러나 자산은 그들의 의견에 반박하며 말했다. "만약 그 사람들이 향교에 모여 정치를 논하면 우리들은 그들의 좋은 의견을 들을 수 있고, 정책을 부단히 좋은 방향으로 고칠 수 있소. 이런 면으로 본다면 좋은 일이 아니겠는가?" 자산은 비유를 들어 계속 말했다. "언론은 하천에 흐르는 물과 같소. 인위적으로 언로言路를 막는 다는 것은 둑을 쌓아 강을 막는 것과 같소. 잠시 동안 막아둘 수는 있지만 얼마 지나지 않아 불만은 홍수처럼 쏟아져 나와 제방과 둑을 무너뜨릴 것이요. 그러기 보다는 차라리 물 흐르듯, 그들의 의견을 막힘없이 흘러나오도록 이끄는 것이 낫소."

그 이후 교육과 문화도 더욱 번성하게 되었다. 자산 스스로 언로를 크게 열고 모두의 지혜를 합치자 나라는 커지고 번영했으며 백성들도 편안해졌다.

자산은 군주가 법률을 지나치게 엄격하게 하여 가혹한 형벌을 행하면 사람들이 두려워하여 그를 멀리하게 되고, 반대로 너무 관대하면 교만해진 신하들이 국정을 어지럽혀 임금의 권위가 서지 않는 다는 것을 잘 알고 있었다. 그래서 반드시 인자할 때는 인자하고 엄할 때는 엄하게 하며 그 시기와 순간을 잘 파악해야 한다고 했다. 이는 노자가 말한 '큰 나라를 다스릴 때는 마치 작은 생선을 굽는 것과 같이 하라.' 는 말과 같다.

자산의 다스림의 도리는 바로 강함과 부드러움을 병행하는 것이었다. 엄한 정책과 유연한 정책을 언제, 어디에 쓸 것인가를 잘 파악하는 것이다. 그는 외유내강의 의미 깊이 깨닫고, 부드러움 중에 강함이 있는 것이 성공하는 사람의 도리임을 잘 알고 있었다. 현대인들에게도 이것은 적극적이고 효과적인 처세수단이라고 할 수 있다.

⚜

닭의 울음소리를 잘 내는 사람과 개 흉내를 잘 내는 도둑

전국시기 제나라 공자 맹상군孟嘗君은 재물을 가벼이 여겨 베풀기를 좋아하고, 손님을 잘 대접하기로 이름이 나 있었다. 각 지방의 인재뿐만 아니라 다른 나라의 인물들까지 그의 문하에 의탁하여 공양하던 식객이 수천 명에 달했고, 매번 새로운 손님이 찾아오면 맹상군은 항상 직접 맞이하고 성대하게 대접했다.

그는 손님과 함께 무릎을 맞대고 흉금을 터놓고 이야기했으며, 친절하게 지금 형편이 어떤지를 일일이 물었다. 이때 자신의 시종을 병풍 뒤에 숨겨두고서는 대화 내용을 모두 기록했다. 그리고 손님이 떠나면 맹상군은 곧 그의 집으로 사람을 보내 후한 예물을 주어 위문했다. 식객들은 맹상군의 이러한 태도에 감격했고, 모든 손님들은 맹상군이 자신에게 가장 잘해주고 자신이 가장 맹상군과 가깝다고 생각했기 때문에 다투어 그 은혜에 보답하려 했다.

하루는 두 사람이 맹상군을 만나러 왔는데 두 명 모두 별다른 재주
는 없었으나, 한 사람은 닭 울음소리를 잘 내었고 좀도둑인 다른 한
사람은 개의 행동과 짖는 소리를 진짜와 똑같이 따라할 수 있었다.
맹상군이 두 사람을 받아드리려고 하자 다른 식객들은 모두 반대했
다. "비록 저희들도 신분이 미천하지만, 이처럼 닭울음소리를 내거
나 개를 흉내 내면서 도둑질하는 자까지 받아들이는 것은 실로 이해
하기 어렵습니다." 그러나 맹상군은 끝까지 그 두 사람을 자신의 식
객으로 거두었다.

한번은 진秦나라 소왕昭王이 맹상군을 가두고는 없애려고 하자, 그
는 급히 사람을 보내 소왕이 총애하는 첩에게 구원을 요청했다. 그
애첩이 말했다. "맹상군이 만약 그가 갖고 있는 호백구狐白裘(여우 겨드
랑이 흰 털이 있는 부분의 가죽으로 만든 갖옷—옮긴이)를 나에게 준다면 무사히
풀려나도록 하겠다."

맹상군이 갖고 있던 호백구는 잡색이 전혀 섞이지 않은 순백색의
진품으로 매우 값진 것이었지만, 이미 소왕에게 바쳐져 진나라 궁전
에 보관되어 있었기 때문에 궁에 들어가 다시 그것을 훔쳐 나오는 것
외에 다른 방법이 없었다.

그의 문하에 있는 식객들에게 도움을 청하자 그 좀도둑이 벌떡 일
어나 말했다. "훔치는 것은 제 전문입니다. 조금의 실수도 없이 분명
히 그 옷을 가지고 오겠습니다."

그날 저녁 좀도둑은 특기를 발휘하여 자신을 개로 꾸미고는 진나
라 궁으로 잠입했으며 손쉽게 호백구를 훔쳐 나왔다. 소왕의 애첩은
꿈에도 그리던 호백구를 손에 넣은 뒤, 과연 소왕의 앞에서 맹상군에

대한 말을 잘해주어 석방되게 했다.

이에 맹상군은 바로 이름을 바꾸고 함양咸陽으로 도망쳐서 밤중에 진나라 국경인 함곡관函谷關에 도착했지만 성문은 굳게 닫쳐있었다. 소왕은 뒤늦게 그를 풀어준 것을 후회하고 즉시 사람을 보내 추격했다. 당시 진나라의 법에는 첫 닭이 울어야 성문을 열 수가 있었다. 닭이 울고 해가 밝을 때까지 기다린다면 맹상군은 다시 잡힐지도 모르는 상황이었다. 앞에는 관문이 길을 막고 있고 뒤에서는 진나라 군사들이 쫓아와서 형세가 대단히 급박했다. 이때 마침 식객 중 닭울음 소리를 잘 낸다는 사람이 맹상군이 위험에 처했다는 소식을 듣고 그를 위해 함곡관 앞으로 달려왔다. 그가 길게 닭소리를 내자 멀리 마을에 있는 닭들도 모두 따라서 울기 시작했다. 성문을 지키는 사람은 아직 해가 뜨기엔 이르다고 생각했지만, 닭울음소리가 들리자 법에서 정한대로 성문을 열었고 맹상군은 그 틈을 타서 쉽게 빠져나올 수 있었다.

맹상군이 공양한 수천의 식객들은 모두 평소에 그와 전혀 알지 못하는 사람들이었지만, 맹상군은 단 한 번도 그들이 자신에게 도움이 될지 되지 않을지를 따지지 않았으며 모두에게 관심을 가지고 똑같은 예물을 주었고 소인이나 군자, 지위나 신분에 따라 차별하지 않았다. 그 결과 개와 닭을 흉내 내는 도둑 같은 무리마저 스스로 나서서 맹상군을 돕고자 했으며, 이로 인해 목숨까지 건질 수 있었다.

맹상군이 수많은 사람들을 거두고 그로 인해 큰 도움을 받을 수 있었던 것은 그들의 출신성분이나 가문의 귀천을 보지 않고 모두 똑같은 사람으로 생각하고 평등하게 대했기 때문이다. 겉보기에 보잘것없는 사람들도 충분히 사귈만한 가치가 있으며, 오히려 그들이 대중적인 인기를 가져다 줄 수도 있다. 또한 그로 인해 더욱 많은 사람들의 존경을 받을 수도 있다. 뿐만 아니라 아무리 보잘것없는 사람이라도 뜻밖의 상황에서 생각지도 못한 도움을 주기도 한다.

✢

흰 말은 말이 아니다

전국시기의 공손룡公孫龍은 변론에 능하고 논리가 분명하여 많은 사람들이 존경하고 따랐다. 그의 가장 유명한 이론이 바로 '백마비마론白馬非馬論'(말은 형태를 가리키고 백은 색깔을 가리키므로 백마는 말이 아니라는 논리─옮긴이)이다.

한번은 그가 조나라의 평원군平原君을 보러 갔다가 공자의 후손인 공천孔穿을 우연히 만났다. 공천은 공손룡의 '백마비마론'에 대해 비판적인 시각을 갖고 있었기 때문에 예전부터 그의 생각을 바꿔야겠다고 생각하던 참이었다. 마침 공손룡을 만나자 좋은 방법이 생각나 그에게 물었다.

"그대의 명성은 익히 들어 알고 있습니다. 저는 줄곧 그대의 학문과 덕행을 흠모했으며 웅변술에 감탄하였습니다. 그대를 스승으로 모시고 웅변술을 배우고자 하니 저를 제자로 받아주시겠습니까?"

공손룡이 막 대답하려 할 때 공천이 다시 말했다. "그 전에 한 가지

부탁할 것이 있습니다. 그대의 '백마비마론'을 제외하면 다른 것에서는 흠을 찾아낼 수가 없습니다. 제 생각에는 그 주장이 틀렸고 논리에 맞지 않아 보입니다. 그 이론을 포기하신다면 진심으로 당신의 제자가 될테니 포기하실 수 없겠습니까?"

공손룡이 다 듣고 나서 껄껄 웃었다. "너의 이런 태도가 어디 스승을 모시고 학문을 배우겠다는 것이냐? 이는 내 이론을 포기하라고 요구하며 설교하려는 것이 아닌가!"

공천이 잠시 동안 말이 없자 계속 말했다. "지금의 내 명성은 그 이론에서 비롯된 것인데, 그대가 그것을 포기하도록 요구하는 것은 분명 나를 무시하기 때문이 아닌가?"

공천은 난처한 입장이 되었지만 여전히 단념하지 않고 설득하려 했다. "백마는 흰색의 말로, 결국은 말인데, 어떻게 그것이 말이 아니라고 말할 수 있습니까?"

공손룡이 웃으며 말했다. "나는 공자와 관련된 일을 한 가지 들은 적이 있다. 초나라 왕이 한번은 수행원들을 데리고 사냥을 갔다가 앞에 사슴 한 마리를 발견하고는 좋은 기회라고 생각하며 기쁜 마음으로 활을 쏘았지만, 그가 쏜 화살은 근처에도 가지도 못했으며 뜻밖에 활까지 잃어버렸다. 수행하던 사람들이 길을 따라 수색을 했지만 찾을 수가 없자 초나라 왕이 너그럽게 말했다. '찾을 필요가 없다. 다른 사람이 주워갔다 해도 결국 우리 초나라 사람 손에 들어간 것이 아닌가! 굳이 찾을 이유가 뭐란 말인가?' 공자가 이 일을 듣고 '초나라 왕은 아직 남에게 인의를 다하여 최대한 도움을 주는 것을 깨닫지 못한 것 같구나. 왜 이처럼 엄격하게 나누어야 하는가? 그는 당연히 잃어버린 활도 사람들이 주워갔을 것이라고 말했어야지, 사람 앞에 초楚 자를 덧붙여서 흥을 깨는구나!'라고 말했다."

　공손룡이 이 고사를 다 말하고 나서 말했다. "공자의 논리에 따르면 당연히 초나라 사람과 다른 나라 사람을 나누어야 한다는 말 아닌가! 또한 초나라 사람과 다른 나라 사람들을 확연하게 구분하고 있다. 그대는 공자의 견해는 옹호하면서 나의 이론에는 찬성하지 않으니, 그대의 이런 행동에는 무슨 의도가 있는가?" 공천이 그 말을 듣고서는 얼굴이 귀밑까지 빨개지고 더 이상 할 말을 잃었다.

사실은 웅변보다 낫고, 웅변은 설교보다 낫다.

공손룡은 무미건조하게 단순한 설교를 하지 않고 가벼운 비유를 사용했다. 공자와 초나라 왕의 고사를 예로 들어 공천이 제기한 문제와 비교함으로써 공천을 자가당착에 빠지도록 하여 공격하지 않고도 이겼다.

⚜

듣기 좋은 말로 신임을 얻다

　전국시기 장의張儀는 객경客卿(다른 나라에서 와서 높은 지위에 있는 사람—옮긴이)의 신분으로 초나라에 머물렀다. 처음에는 초나라 왕이 매우 우호적으로 대했지만 날이 갈수록 냉담해지자 장의는 마음속으로 언젠가 초나라에서 설 땅이 없어지지 않을까 걱정했다. 그리하여 한 가지 계책을 생각해 내고 자신만만하게 왕을 만났다.

장의는 공손하게 왕에게 말했다. "요즘 저는 이곳에 있어도 별 쓸모가 없고 대왕께서 하사 하시는 봉록만 축내고 있다는 생각이 듭니다. 그래서 위나라로 가려고 하는데 대왕의 생각은 어떠십니까?"

왕은 이 말을 듣고서 별로 상관없다는 듯이 말했다. "그대가 이미 결정을 했다면 나도 굳이 붙잡을 생각은 없네."

장의는 왕에게 만류하려는 뜻이 전혀 없는 것을 보고도 실망하지 않고 계속 말했다. "대왕께서 저를 잘 대접해주신 은혜에 보답하기 위해 만약 필요하신 물건이 있으시다면, 제가 위나라에 도착한 뒤 최선을 다해 구해서 보내드리겠습니다."

"내게는 각종 보물이 헤아릴 수 없이 많네. 황금이나 보석, 상아도 부족한 것이 없고, 위나라에도 내가 갖고 싶을 만큼 값진 물건은 분명 없을 것이야." 왕은 거만하게 말했다.

"그렇지만 제가 알기로는 중원에는 미인이 많고 모두가 하늘의 선녀와 같다고 들었습니다."

왕은 장의의 부추김을 듣고도 마음속에 별 동요는 일지 않았지만 성의를 무시할 수 없어 장의에게 대답했다. "내가 일찍이 중원의 미녀들은 말로 표현할 수 없을 정도로 예쁘다는 말은 들었지만 한 번도 본적이 없네. 그래, 그럼 미녀를 찾아 보내도록 하게." 왕은 장의에게 황금 한 상자를 하사하여 여비로 쓰도록 했다.

이 소식은 금방 초나라 왕후인 남후南后와 애첩인 정수鄭袖의 귀에 들어갔다. 그들은 중원의 미인이 온다면 자신들과 총애를 다투지 않을까 대단히 걱정했다. 좋은 방법이 떠오르지 않은 두 사람은 매우 조급해져서 장의에게 사람을 보내 주옥珠玉을 선물하고 초나라를 떠나기에 왕후가 보낸 예물이라고 말했다.

떠나기 전 초나라 왕이 연회를 베풀어 장의를 대접하며 말했다. "지금은 전쟁이 빈번하고 천하가 어지러워 여정이 매우 고생스러울 것이네. 오늘 내가 특별히 그대를 위해 노잣돈을 마련했으니 중원의 미녀 몇 명을 잘 뽑아 보내주기를 기대하겠네."

장의는 왕이 다소 취기가 있는 것을 보고는 말했다. "제가 듣기로 왕께서 총애하는 왕후와 후궁 두 분 모두 용모와 몸가짐이 단정하여 마치 하늘에서 내려온 선녀 같다고 합니다. 오늘 이별하면 언제 다시 돌아올 수 있을지 알 수 없으니 평소 저에게도 후한 대접을 해주신 두 분께 이 자리를 빌려 경의를 표하고자 하는데……"

왕은 웃으며 말했다. "그것 좋지!" 즉시 남후와 정수를 들어오도록 했다.

장의는 두 여자가 도착한 것을 보고는 왕 앞에 무릎을 꿇고 말했다. "저를 용서해 주십시오! 저는 임금을 속이는 죄를 범했습니다. 제가 대왕께 중원에 미인이 많다고 했지만, 지금 눈앞의 아름다운 두 분을 뵈니 역시 지금 궁에 계신 분들이 더 미인이라는 것을 알 수 있습니다. 제가 어찌 이 두 분보다 더 아름다운 여자를 찾아낼 수 있겠습니까?"

왕은 이 말을 듣고 득의양양해서 말했다. "괜찮아. 괜찮아! 나도 그들보다 더 아름다운 여자가 있을 것이라고는 생각하지 않네. 내가 생각하기에 중원의 여자라고 해서 별로 뛰어날 것도 없으니 그대도 나를 위해 미녀를 찾을 필요가 없네."

한쪽에 있던 남후와 정수는 장의가 자신들에 대해 찬미하는 말을 듣고서는 기쁨을 감추지 못하고 적극적으로 왕에게 장의를 위한 좋은 말을 해주었다. 결국 장의는 초나라에 남게 되었고, 게다가 새롭게 왕과 두 미녀의 신임을 얻게 되었다.

아름다운 것을 좋아하는 마음은 누구나 다 갖고 있다. 세상 사람들은 모두 맛있는 음식과 미녀와 아름다운 말을 좋아한다. 듣기 좋은 말을 누가 들으려 하지 않겠는가?

다른 사람을 칭찬하고 치켜세우는 데엔 반드시 바른 태도를 갖고 있어야 한다. 적당하고 적절한 칭찬으로 호감을 갖도록 해야지, 아첨하고 알랑거리는 것으로 비위만을 맞추어서는 안 된다. 다른 사람에게 하는 칭찬도 적당해야 하지만, 반면 다른 사람이 자신을 치켜세우는 것도 잘 구분해야 한다. 진정한 칭찬과 귀에만 좋은 아첨을 구분하지 못하면 생각지도 못했던 결과를 가져올 수도 있다.

✛

옛 이야기를 통해 충성심을 드러내다

전국시대 합종연횡合從連衡의 이론가 소진蘇秦은 연나라 소왕昭王을 위해 충성을 다했다. 그는 제나라의 왕을 세치 혀로 설득하여 연나라에 10개의 성을 돌려주도록 했다. 소진은 공이 있으면 당연히 적절한 보상이 있어야 한다고 생각하고 소왕으로부터 예우를 받을 것이라고 기대했지만 뜻밖에 어떤 사람이 연나라 왕 앞에서 자신을 비방했다. 소왕은 한쪽 말만 듣고는 소진을 재상의 예로 대우하지 않았을 뿐만 아니라, 오히려 마음에 선입견을 갖게 되었다. 소진은 자신의 처지가 매우 억울하다고 생각했지만 인내심을 가지고 다른 사람의 참언讒言에서 벗어날 방법을 모색했다.

어느 날 소왕을 만나자 소진이 말했다. "최근에 제가 들은 이야기 중에 하나가 많은 것을 느끼게 해주어서 이를 대왕과 함께 나누고자 합니다."

왕은 소진이 무슨 의도를 갖고 있는지를 알지 못하고 "한번 말해보시오."라고 말하고는 눈을 감고 더 이상 신경 쓰지 않는 모습이었다.

소진은 자신에게 해명할 기회만 있다면 처지를 바꿀 수 있을 것이라고 생각하고는 최선을 다해 이야기했다. "옛날에 집안 대대로 장사를 하던 한 남자가 있었습니다. 가족들의 좀 더 풍족한 생활을 위해 그는 오랫동안 외지로 나가 장사를 했고, 집에 있던 원래 부인과 소첩은 독수공방을 했습니다. 그의 부인은 적막함을 참지 못하고 하는 일 없이 빈둥거리는 사내와 정을 통했고 이를 소첩에게 들켰지만 소첩은 아무 말도 하지 않았습니다. 하루는 부인과 그 남자가 남편이 집으로 돌아온 후에 어떻게 할 것인가를 의논하고 있었습니다. 부인이 얘기했습니다. '우리든 떨어질 수 없으니 차라리 그를 죽여 버리죠. 남편이 오면 기회를 봐서 술에 독을 타서 먹일 테니, 그러면 모든 것이 잘 처리될 것입니다.' 마침 소첩이 지나가다가 우연히 그들의 은밀한 대화를 듣게 되었고, 그것을 마음에 두고는 매일 걱정했습니다. 얼마 후 남편은 돌아왔고 많은 금은보화를 가져와 부인과 소첩에게 선물했습니다. 두 여인은 남편을 맞이하느라 바쁘게 요리를 했으며 곧 푸짐하게 한 상 차려왔습니다. 부인은 소첩을 시켜 남편에게 술을 따르도록 했고 소첩은 매우 난처한 입장이 되었습니다. 술을 따르지 않으면 예의범절도 모른다고 비난할 것이고 술을 따르자니 남편을 독살한 죄를 자신이 덮어써야 할지도 모르는 상황이었습니다. 만약 술 안에 독이 들어있다고 직접 말하면 남편이 부인을 쫓아내겠지만, 자신이 차마 그럴 수 없어 걱정이었습니다. 그녀는 기지를 발휘하여 일부러 자신의 발밑에 물건을 밟아 균형을 잃은 척 하고는 손에 들고 있던 술병을 깨버렸습니다. 그러자 속사정을 모르는 남편은 오히려 소첩에게 심하게 욕을 하고 때리기까지 했습니다."

소왕은 점차 흥미진진하게 이야기를 듣고 있다가, 무언가 느낀 바가 있는 듯 잠시 생각하고는 소진에게 물었다. "나에게 단순히 이야기만을 들려주려 한 것 같지 않구나. 진정 그대가 하고 싶은 말은 무엇인가?"

소진은 왕이 이미 어느 정도 이해한 것을 보고는 웃으며 말했다. "제가 말씀드리고 싶은 것은 대왕의 주위엔 이야기에 나오는 소첩과 같이 충성스런 사람들이 많다는 것입니다. 그렇지만 대왕께서는, 본 부인의 말만 믿고 소첩을 의심하는 이야기속의 남편처럼, 충성스런 사람들을 의심하며 부인을 대하는 것과 똑같은 믿음을 갖고 소첩을 대하지 않으십니다. 더욱이 소첩을 해치려는 본 부인이 어찌 한둘이 겠습니까! 소첩과 같은 처지에 있는 사람은 결국에는 대왕으로부터 버림을 받지 않겠습니까?"

소왕은 소진을 보고는 미소를 지었다. "그대의 뜻은 내가 충분히 알았다!"

　며칠 지나지 않아 왕은 소진에게 큰 상을 내리고 재상의 예로써 그를 대우했으며, 소진은 이야기를 통해 겨우 '소첩'의 운명을 벗어날 수 있었다.

현대사회는 경쟁이 치열하고 여러 관계가 복잡하게 얽혀있어서 상사는 대하기 어렵고 동료와는 끊임없이 경쟁해야 한다. 그 사이에서 살아남으려면 사람의 마음을 잘 파악하여 적절하게 스스로를 지켜 나가야 한다. 소진의 책략은 매우 창의성이 있어서 교묘하게 비유되는 이야기를 통해 새롭게 소왕의 신임을 얻었지만, 여기에는 한 가지 전제가 있다. 그것은 바로 상사에게 당신의 깊은 뜻을 이해할 수 있는 영민함이 있어야 한다는 것이다. 그렇지 않으면 아무리 좋은 비유도 소용없게 된다.

✣

사슴을 사들이는 계책

　전국시기 제나라의 재상 관중은 생각이 원대하고 안목이 탁월하며 계획에 빈틈이 없었다. 그의 보좌를 받은 제나라 환공은 각 지역에서 할거한 세력들과의 전쟁에서 승리를 거두었으며 초나라를 제외한 나라들이 모두 굴복하여 스스로를 신하로 칭했다.

　싸움마다 승리를 하자 장군들이 환공에게 건의했다. "대왕께서는 어찌하여 단숨에 군대를 출병시켜 초나라를 물리치고 천하를 통일시키지 않으십니까? 저희들은 언제든지 목숨을 바칠 준비가 되어있습니다."

장군들의 말은 환공의 마음을 움직였다. 그는 부하 장수들이 스스로 나아가 싸우려는 것을 보고는 매우 기쁜 마음으로 출병을 결정했다. 그러나 관중은 환공이 출병하려고 한다는 소식을 듣고 앞장서 막으며 말했다. "지금은 초나라를 공격하기에 적절한 시기가 아니오니 대왕께서는 결코 경솔하게 일을 처리하시면 안 됩니다."

"왜 안 된단 말이냐! 그대에 눈에는 지금 사기충천한 저 병사들의 모습이 보이지 않느냐? 그리고 우리에게는 충분한 군량미가 비축되어 있는데, 아직 적절한 시기가 되지 않았다는 이유를 모르겠구나!" 그러나 환공은 이해하지 못하는 것들이 있었다.

"우리 군대는 계속된 전쟁으로 병사와 말들이 매우 피로한 상태입니다. 게다가 초나라는 다른 제후국과는 달라서 그 실력이 막강하며 국력이 강성합니다. 지금 공격을 한다는 것은 참으로 위험합니다!"

"그렇다면 우리는 초나라가 계속 강성해지는 것을 보고만 있어야 하는가? 그들이 우리를 멸망시킬 때까지 기다리라는 말인가!" 환공은 조급하게 말했다.

관중은 웃으며 말했다. "제게 방법이 있으니 일 년 안에 손가락 하나 까딱하지 않고 그들을 항복시키겠습니다."

환공은 반신반의했지만 관중의 마음속에 이미 계획이 있다는 것을 알고는 출병계획을 취소했다. 관중은 사람을 시켜 엄청나게 많은 양의 동전을 주조하도록 하고, 백 명의 상인을 초나라에 보내어 사슴을

사도록 했다. 관중은 그들이 떠나기 전에 분부했다. "환공이 특히 사
슴을 좋아하여 많은 돈을 주고서라도 꼭 살아있는 사슴을 사려고 하
신다."

상인들은 초나라에 도착한 후 사방에 현상금을 내걸어 살아있는
사슴을 사들였다. 초나라에서는 꽃사슴이 너무 흔해서 사람들은 잡
아서 고기로 먹을 뿐 돈을 주고 사는 경우는 거의 없었다. 초나라 사
람들은 상인들이 비싼 값으로 살아있는 사슴을 산다는 말을 듣자, 앞
다투어 사슴을 잡기 위해 산으로 갔다. 사슴을 잡는 사람이 많아질수
록 사슴은 점차 줄어들었고, 그 가격은 조금씩 올라갔다. 처음에 다
섯 냥 하던 것이 열 냥까지 올랐다. 몇 개월이 지나자 상인들은 한 마
리에 사십 냥을 주고서라도 사슴을 사려고 했다. 당시 사십 냥은 적
은 것이 아니어서 양식 이천 근을 살 수 있는 돈이었다. 눈앞에 돈이
보이자 초나라 사람들은 모두 자신의 본업을 제쳐두고는 사슴을 찾
아 나섰다. 농민들이 사냥꾼이 되었으며 군인들도 군율을 무시하고
산에 가서 사슴을 잡았다.

어느새 일 년이 금방 지나갔고, 관중은 환공에게 말했다. "대왕께
서는 이제 군사를 모아 초나라로 출병하셔도 됩니다. 지금 초나라에
는 동전만 산처럼 쌓여 있을 뿐 농민은 사냥에만 정신이 팔려 전답이
모두 황폐해져 양식이 부족하고, 병사들 역시 사냥 때문에 훈련을 소
홀히 하여 작전을 수행하고 전투를 할 능력을 상실했습니다. 이제 때
가 되었습니다."

환공은 관중의 의견을 따라 출병 소식을 알렸다. 초나라 성왕成王
은 이미 양식이 끊기고 백성들은 기근으로 인해 사방으로 흩어졌으

며 병사들에게는 전쟁을 치를 만한 사기가 남아있지 않은 것을 보고
는 황급히 환공에게 사신을 보내 화친을 청하고 스스로 제나라에 항
복했다.

사소한 일이 전체에 영향을 미칠 수 있다. 어떤 일이나 사물 사이에는 연관성이
있으며, 그 속에 있는 한 부분을 잘 파악하면 모든 것을 제어할 수 있다. 관중의
'사슴을 사들이는 계책[買鹿之謀]'은 처마에서 한 방울씩 떨어지는 빗물이 돌을
뚫는 것과 같은 이치로, 상대방이 자신도 모르는 사이에 쇠약해지도록 하는 것
이다.
초나라는 인구가 많고 세력이 강했기 때문에 겨우 일 년 만에 농사지을 사람이
없어 양식이 부족할 것이라고는 누구도 예상하지 못했다. 관중은 사람의 본성
중 하나인 욕심을 이용하여 기회를 노렸고 초나라의 호랑이처럼 용맹스러운 병
사들을 병든 고양이로 바꾸어 놓았다.

✤

법도를 바로잡아 불을 끄다

　겨울이 되면 노나라 도성 남문에 사는 사람들은 근처의 들과 습지
가 함께 펼쳐져 있는 노위탕자리蘆葦蕩子里라는 곳으로 사냥을 하러 갔
다. 그곳은 습도가 적당하기 때문에 들풀과 함께 헤아릴 수 없이 많
은 물고기와 새우가 살고 있었으며 다양한 종류의 날짐승과 들짐승

들이 있었다.

　사람들은 모두 이곳에서 잡은 짐승의 고기가 제일 맛있다고 생각했다. 고기뿐만 아니라 가죽도 팔 수 있었기 때문에 이곳에 사냥하러 오는 사람들은 끊이지 않았다. 하루는 누구인지 모르지만 너무 큰 욕심을 부려, 불을 놓아 짐승을 사냥하려고 했다. 불은 바람을 타고 금방 도성 근처까지 번졌지만 누구 하나 불을 끄려 하지 않았고 모두들 사방에 날뛰는 짐승들을 잡으려고 흥분되어 쫓아다녔다.

　노나라 애공哀公은 궁중에서 화재 소식을 듣고 크게 놀라 급히 사람을 보내 불을 끄도록 했지만 파견된 사람들조차도 다른 사람들과 함께 불속에서 도망쳐 나온 짐승들을 잡느라 정신이 없었다. 이처럼 혼란하고 무질서한 상황을 본 애공은 어찌할 줄을 몰랐다. 더 이상 방치했다가는 금방 도성 안으로 불이 번질 듯이 보였다.

　이때 한 대신이 말했다. "노나라에는 이처럼 위급한 상황이 생겼을 때 상이나 벌을 주는 기준이 법률로 정해져 있지 않기 때문에 백성들이 위험을 무릅쓰고 불을 끄려하지 않습니다. 더욱이 이런 기회에 짐승을 사냥하면 이익을 얻을 뿐만 아니라, 그 자체로도 매우 재미있는 일입니다. 그러니 불을 끌 생각은 전혀 하지 않고 떼를 지어 모여들기만 하는 것입니다."

　마음속으로 조급해 하던 애공은 이 말을 듣고 문득 깨달았다. "미처 그 생각을 못했구나! 불을 끄는 사람들은 곧 도성을 위험에서 구하는 공을 세우는 것이니 반드시 큰 상을 내릴 것이라고 명령을 내려라!"

　그러자 대신이 다시 말했다. "그렇게 하는 것은 그다지 좋지 않습니다. 지금은 너무나 혼란스럽기 때문에 누가 불을 끄고 누가 짐승을 쫓아다니는지 분명히 알 수가 없으며, 누구의 공이 크고 적은지도 정확하게 판단할 수 없습니다. 그리고 사람이 이렇게 많은데 모두에게 상을 주어야 한다면 이는 참으로 난감한 일이옵니다."

애공은 그 말을 듣고 보니 일리가 있다고 생각하여 걱정스럽게 물었다. "그렇다면 어떻게 하는 것이 좋겠는가?"

대신이 대답했다. "만약 모두에게 상을 줄 수 없다면 벌을 주면 되지 않습니까? 짐승을 죽이고 사냥하는 자는 직무를 소홀히 한 것과 같은 벌을 주고, 불을 끄지 않은 자는 전쟁터에서 도망간 병사에게 내리는 벌을 적용하도록 규정을 정하면 됩니다. 만약 그런 행동을 하다가 발각되면 그 누구든 군법에 따라 엄하게 처벌해야 합니다! 이렇게 하면 상을 남발하지 않고도 원하는 목적을 달성할 수 있습니다. 전하께서는 어떻게 생각하십니까?"

애공은 그의 말을 듣고서는 크게 칭찬하며 즉시 명령을 내렸고 현장에 있던 사람들은 두려움에 모두 서둘러 불을 껐다. 자신의 옷을 벗어 불을 끄는가 하면, 농기구를 들고 사방에 번진 불을 막는 사람도 있었다. 모든 사람들이 합심하여 불을 끄자 얼마 지나지 않아 큰 불을 잡을 수 있었다.

상벌은 분명해야 하며 그 규칙은 명확해야 한다. 또한 상벌은 시기와 대상, 상황에 따라 올바르고 공정하게 처리해야 한다.

대신은 바로 이 점을 이용하여 우선 법을 명확히 세우고, 벌을 엄격히 적용하여 사람들이 합심해서 큰 불을 끄도록 유도한 것이다.

이익을 주어 능력을 발휘하게 하다

자산子産은 정나라의 재상으로 나라를 다스리는 일과 정치에 정통할 뿐만 아니라 다른 사람의 장단점을 정확히 파악하여 잠재능력을 잘 발굴해 내었다.

백석伯石은 매우 재능 있는 사람이었지만 너무 이해득실을 따지고 체면을 중시하는 단점을 갖고 있었다. 하지만 자산은 능력을 중시하여 여전히 그를 매우 중용했다. 한번은 백석을 혼자 다른 나라에 사신으로 보낼 일이 생겼다. 자산은 우선 그에게 임무를 알려 주기 전에 물었다. "이번에 그대에게 맡길 임무는 매우 막중하며, 갈 길 또한 멀다. 이번 일을 잘 처리하고 돌아온다면 내가 큰 상을 내릴 것이니 그대는 어떤 상을 받고 싶은가?"

백석이 공손하게 대답했다. "나라와 왕을 위해 일을 하는 것은 저의 당연한 의무입니다. 제가 원해서 충성을 다하는 것인데 또 무슨 상이 필요하겠습니까?"

자산이 부드럽게 웃으며 말했다. "공이 있으면 더 높은 봉록을 받을 수 있을 것이네. 일을 잘 처리한 후에 성의 서쪽 지역에 있는 크고 화려한 집으로 이사하도록 하게!"

백석은 마음속으로 매우 기뻤지만 겉으로는 여전히 난색을 표하며 대답했다. "그렇게 하는 것은 좋지 않습니다. 첫째는 제가 임무를 완벽히 완수할 수 있을지 아직 확실치 않으며, 일을 시작도 하기 전에 상을 먼저 말한다면 다른 사람들이 뒤에서 비난할 것입니다. 둘째는 제가 지금 살고 있는 곳과 성 서쪽은 거리가 너무 멀어서 당장 이사를 할 수도 없을 것이고……”

자산은 그의 말을 끊고 말했다. “그대가 말한 것은 그리 어려운 문제가 아니니 걱정 말고 일을 처리하도록 하게. 상에 관한 것은 내가 알아서 잘 처리할 것이네.”

백석은 기쁘게 나갔고, 옆에서 이 모습 보던 문하생들이 불만스럽게 자산에게 말했다. “그는 대신의 신분으로 나라를 위해 일하는 것이 당연하며, 봉록 또한 넉넉히 받고 있는데 어째서 따로 상을 내리신단 말씀입니까? 게다가 다른 대신들은 한 번도 이런 대접을 받은 적이 없습니다. 그에게만 특별히 상을 내릴 가치가 있다는 것입니까?”

자산이 대답했다. “사람들의 성격은 모두 다르다. 내가 아는 백석은 이해득실을 매우 따지는 성격으로 상을 내린다는 것에 대해 겉으로는 듣기 좋은 말로 거절하는 듯 보였지만 사실 속마음은 그렇지 않을 것이다. 모든 사람들은 개인적인 욕심이 있기 마련이고 백석은 그보다 조금 더 많을 뿐이다. 내가 약간의 이익을 준다면 그는 분명 최선을 다해 일을 처리할 것이다. 그에게는 임무를 수행할 충분한 능력이 있다.”

“그렇게 능력이 있다면 선생님께서 그의 사욕을 채워주지 않으셔도 당연히 좋은 결과가 있을 것입니다. 게다가 그 일은 신하의 도리로 당연히 해야 하는 것이 아닙니까?” 문하생들은 여전히 이해하지 못하겠다는 식으로 말했다.

“너의 그런 생각은 틀렸다.” 자산이 대답했다. “그러면 그는 단지 왕의 위엄이 두려워 일을 하는 것일 뿐이다. 일이 이루어지더라도 마음속에 불만과 원망을 품을 수 있고, 그런 마음이 쌓이다 보면 남에게 해를 끼치는 일을 할 수도 있다. 이런 사람에 대해서는 이익을 준다는 약속으로 능력을 이끌어 낼 수 있으며, 그것을 통해 그 능력을 더 크게 쓸 수 있다."

백석이 사신의 일을 마치고 돌아온 후, 약속했던 큰 집으로 들어갔다. 자산은 또 왕과 상의하여 그의 봉록을 늘려 줄 성읍을 하사했고 백석은 속으로 매우 기뻤지만 그 상을 받지 않겠다는 의사를 밝히며 돌려보내는 태도를 취했다. 자산도 고의로 그것을 거두었다가 며칠 뒤 다시 명령을 내려 그에게 상을 하사했다. 이렇게 세 번을 하자, 백석은 겨우 받아들였다.

문하생들은 또 궁금하여 물었다. "처음 받지 않겠다고 하면 그만이지 왜 이처럼 밀고 당기기를 해야 합니까?"

"내가 일부러 그렇게 한 것이다. 그는 체면을 중시하는 사람으로 이렇게 하면 그의 겸허하고 예의 바른 모습을 드러내면서도 또한 욕심을 만족시킬 수 있으니 일거양득이 아니냐?"

자산은 사람을 잘 알아보고 적절한 자리에 임명했다. 사람이라면 누구나 어느 정도 가지고 있는 욕망과 허영심 때문에 능력이 있음에도 버리고 쓰지 않는 경우가 많았지만, 자산은 다른 사람의 단점을 이용하여 재능을 충분히 발휘할 수 있도록 했다. 자산은 백석의 우수한 점과 더불어 단점 또한 충분히 알고 있었기 때문에 그가 재상에 있는 동안에 백석의 지위가 그를 뛰어넘지는 못했다.

자산의 사람 쓰는 법을 살펴보면 인간의 사욕을 인정해주고 아울러 적당하게 그의 사욕을 만족시켜 주며, 누구나 갖고 있는 허영을 이용하여 최대한의 능력을 이끌어 냈다. 하지만 그는 스스로의 허영이나 욕심에는 눈이 멀지 않았다. 이것이 바로 그의 고명高明한 점이다.

군자는 의義에 밝고 소인은 이利에 밝다고 하지만 사람은 누구나 어느 정도의 욕망을 갖고 있다. 적당히 다른 사람의 욕구를 채워주면서 일을 더욱 잘할 수 있도록 격려하는 것도 사람을 잘 쓰는 방법 중 하나이다.

✤

사방이 모두 초나라 노래

기원전 202년 유방劉邦이 한신韓信 등 뛰어난 장수들의 도움을 받아 해하垓下에서 항우項羽의 군대를 포위했다. 두 세력은 서로 대치하면서 진정한 자웅을 겨루었다.

처음에는 항우가 대군을 거느리고 여러 차례 승리를 거두었고 유방의 부친과 부인을 사로잡아 인질로 삼기도 했지만, 전쟁이 진행됨에 따라 쌍방이 처한 위치가 점차 바뀌게 되었다. 항우의 군대는 유방의 한나라 군대에 포위되어 군량미조차 제대로 공급받지 못했다. 군사들은 배고픔으로 힘과 사기가 떨어졌으며 말들도 지칠 대로 지쳤다. 그리고 일순간에 병사들의 마음이 동요하자 항우는 크게 당황했다. 중요한 시기에 뛰어난 지략가 범증范增은 유방의 이간계로 인해 항우와 헤어졌으며, 때문에 항우의 힘은 크게 약화되었다.

　외곽을 둘러싼 유방은 언제든지 병력을 이동시키고 장수를 파견할 수 있었으며, 또한 군량미가 충분히 했기에 전세는 점차 유방에게 유리한 쪽으로 기울어져 갔다. 그러나 자신의 가족이 적의 수중에 볼모로 잡혀 있었고 양 군대가 물을 사이에 두고 싸움을 하여 각기 우세한 점이 있었기 때문에 단기간에 승부가 나지는 않았다. 항우는 자신의 군대가 열세에 처하자 점점 싸울 마음이 없어졌고, 유방 역시 가족들의 안위가 걱정되어 항우에게 사람을 보내 홍구鴻溝라는 강을 경계로 서쪽은 자신이 소유하고 동쪽은 항우가 소유하자는 제안을 했다. 불리한 입장에 처해 있는 항우는 이 조건을 듣고 수락했으며, 사람을 시켜 유방의 부친과 부인을 안전하게 돌려보내고, 약속에 따라 동쪽으로 갈 준비를 했다.

　유방은 자신의 걱정이 해결되자 서쪽으로 돌아갈 것인지 아니면 계속해서 반격할 것인지를 망설였다. 그의 부하 진평陳平이 말했다. "항우는 우리들에게 포위된 지 오래되어 군량미가 매우 부족할 것입니다. 그렇지 않다면 왜 이처럼 흔쾌히 강화에 응하겠습니까?"

　장량張良도 계속해 말했다. "제가 보기에 지금이 초나라를 멸할 수 있는 좋은 기회입니다. 하늘의 뜻이 이러한데 우리는 당연히 적의 준비가 모자랄 때 불시에 공격해야 합니다. 이때를 놓친다면 아마 천하를 얻을 수 있는 기회는 없을 것입니다."

　두 사람은 이구동성으로 유방에게 공격할 것을 요청했다. "호랑이를 그대로 놔두는 것은 스스로 화를 키우는 일입니다! 공격하십시오!"

유방은 고심 끝에 그들의 건의를 따랐다. 그는 약속을 깨고 항우의 군대를 겹겹이 포위했다. 그리고는 병사들에게 큰 소리로 초나라의 민요를 부르도록 했다. 항우는 노래 소리를 듣고 깜짝 놀랐다. 자신의 부대가 모두 유방에게 투항한 것으로 생각하고는 매우 심란해 졌다. 항우의 병사들은 고향의 노래를 듣자 저절로 향수鄕愁에 빠져 기강이 해이해지고 사기가 떨어졌다.

항우는 이미 대세가 기울어졌음을 깨닫고 한밤중에 막사에서 술을 마셨다. 술에 취한 그는 사랑하는 여인 우희虞姬와 자신과 생사고락을 같이한 애마 추騅를 생각하며 시를 지었다. 또한 마음속으로부터 참을 수 없는 슬픔이 우러나와 그 시를 노래로 불렀다. 노래 소리는 비장하면서도 처량하였다.

힘은 산을 뽑을 듯하고 기세는 천하를 뒤덮는데,
때를 잘못만난 추야! 너마저 발걸음을 멈추는구나.
네가 가지 않으니 어쩌란 말이냐,
우희야, 우희야! 너를 또한 어쩌란 말이냐!

力拔山兮氣蓋世,
時不利兮騅不逝.
騅不逝兮可奈何,
虞兮虞兮奈若何!

초나라와 한나라의 전쟁에서 항우는 약속을 지킨 자신의 행동 때문에 재난을 당할 것이라고는 생각지도 못했다.

어떤 경우에는 맹목적으로 약속을 지키는 것이 결코 지혜로운 행동이 아닐 수 있다. 약속을 지키는 데도 때에 따라 융통성이 있어야 한다.

⚜

과감히 적 진영을 찾아가 포위를 풀다

한나라 초기에 흉노족이 자주 남하하여 방화와 약탈을 일삼으며 백성들에게 큰 피해를 입히자, 유방은 직접 30만의 군사를 이끌고 흉노를 쳐서 마음속의 큰 근심을 없애고자 했다. 그는 대군을 이끌고 백등산白登山으로 나아갔다. 흉노의 선우(왕)인 묵돌冒頓은 유방이 직접 군대를 이끌고 정벌에 나섰다는 소식을 듣고는 즉시 백등산으로 군대를 보내 한나라 군대를 포위했고, 곳곳에 매복을 설치하여 그들을 일거에 섬멸하고자 했다.

유방은 군대를 거느리고 사방에서 전투를 벌였지만 흉노의 포위와 매복을 뚫고나갈 방법이 없었다. 며칠 뒤, 장군과 병사들 중 부상자가 속출했고 군량미도 바닥이 났지만 유방에겐 뾰족한 방법이 없었으며, 상황은 점점 급박해져 갔다.

속수무책으로 고민하던 때에 모사 진평이 유방에게 말했다. "저에게 좋은 계책이 있습니다. 우리가 유리하게 이용할 수 있는 한 가지 방법이 있습니다. 묵돌은 여색을 지나치게 밝혀 그의 아내 알閼씨가 매우 엄하게 신경을 쓰고 있다고 들었습니다. 그래서 묵돌이 출병할 때를 제외하고는 항상 옆을 떠나지 않는다고 합니다. 묵돌도 그녀를 대단히 총애하여 그녀가 하는 말은 모두 믿고 들어준다고 하니 알씨를 돌파구로 삼으면 어떻겠습니까?"

유방은 잠시 생각하더니 말했다. "그것 역시 한 가지 방법이 될 수 있겠구나. 한번 해보도록 하자."

진평과 기민한 수행원 한 명이 흉노의 병사로 변장하고 그들의 진영으로 들어갔다. 진평 일행은 바로 알씨의 처소를 찾아갔고, 막사 틈으로 안을 보니 마침 알씨 혼자서 거울을 보며 머리를 빗고 화장을 하고 있었다. 이에 그는 대담하게 안으로 들어갔다.

진평이 크게 절을 하고 공손히 말했다. "저희들은 한나라의 사신으로 선우와의 화친을 위해 왔습니다. 이것은 저희들이 드리는 예물입니다." 말을 끝내고는 아름다운 장식품과 보석들을 내놓았다. 알씨는 휘황찬란한 보물을 보고서 잠시도 손에서 놓지 못했다.

진평은 옆에서 이미 그녀의 마음을 꿰뚫어 보고는 말했다. "또한 선우에게 드릴 예물이 있습니다. 그것은 저희들이 정성을 다해 고른 절세가인絶世佳人의 초상화로 선우께서 직접 보시기를 청합니다. 아니면 부인께서 먼저 한번 보시겠습니까?" 수행원이 때를 놓치지 않고 땅에 그림을 펼쳐보였다.

그림 속에는 얼굴이 봉숭아꽃 같고, 몸매가 빼어난 여자가 그려져 있었다. 알씨는 자신이 그보다 못한 것을 한탄하며 깊은 질투심이 생겼다. 그녀는 선우가 줄곧 중원을 정복하려 했던 것에는 다른 의도가 있다고 의심했으며, 또한 중원에 진짜 이런 미인들이 있다면 묵돌의 마음속에 끝까지 자기가 있을 수는 없을 것이라고 생각했다.

진평은 그녀의 생각이 눈에 보이는 듯 계속해서 말했다. "저희들은 여기에서 물러가겠습니다. 앞 막사로 가서 선우를 만나야 합니다. 저희들이 온 첫째 목적은 예물을 드리는 것이고 둘째는 군대를 거두어 달라는 것입니다."

알씨는 잠시 생각하더니 단호하게 말했다. "아니다! 그 예물은 내가 대신 받을 것이니 그대들은 안심하고 돌아가거라. 내가 책임지고 군대를 거둘 것이다!"

진평은 일이 완벽하게 처리되지 않을까 걱정하며 고의로 그녀를 자극해 말했다. "아무래도 저희들이 직접 선우와 면담을 하는 것이 더 좋을 것 같습니다."

알씨는 묵돌이 그 미인도를 볼까 두려워 황급히 말했다. "내가 하겠다면 그것으로 됐지, 그대들이 안심하지 못할 것은 또 무엇인가? 걱정 말고 돌아가 그대들의 황제에게 선우가 군사를 물릴 것이라고 전하라."

진평과 수행원은 적당할 때 물러나는 것이 좋겠다고 생각하여 예물을 두고 알씨에게 공손하게 절하고는 막사를 나왔다.

이튿날 아침 과연 흉노의 군사들이 퇴각했다는 소식이 들려왔고 백등산의 포위는 이렇게 풀렸다.

진평은 두 가지 정보를 듣고는 성공을 확신했다. 첫째는 알씨가 질투가 심하다는 것이고 둘째는 그녀가 선우를 움직일 수 있다는 것이다. 진평은 이 두 가지를 이용하여 계책을 세웠다. 이를 통해 보자면 진평은 매우 창의성이 있으며, 유용한 정보를 잘 이용할 줄 아는 사람이라 할 수 있다.

✣

제일공신에게 벌을 준 유방劉邦

유방이 천하를 통일하고서 자신을 보좌했던 공신들에게 상을 주려고 했다.

그러나 누구의 공이 가장 큰지 대신들마다 의견이 달라 논란이 그치지 않았고, 오랜 시간이 지나도 결론이 나지 않자, 결국 유방이 나서서 소하蕭何에게 '제일공신'의 명예를 주기로 결정했다.

소하는 비록 유방이 자신을 신임하고 있지만 부하나 신하들에 대해 의심이 매우 많다는 것과 도량이 무척 넓은 것 같지만 그 안에 편협함이 숨어있다는 것을 잘 알고 있었다. 유방은 군사적 재능이 뛰어난 한신을 의심했으며, 지혜가 뛰어난 장량 역시 넓은 아량으로 받아들이지 못했다. 그러니 그가 또 자신을 어떻게 대할 것인가?

그래서 소하는 줄곧 여러 방면으로 대책을 세우며 유방의 의심을 없앨 방법을 생각했다. 그는 자신의 친동생을 최전선에 보냈을 뿐만 아니라 일부러 자신의 명성을 해치는 일을 하여 이름값을 깎아내리기도 했지만, 여전히 유방의 의심에서 벗어날 수 없었고 한차례 투옥되는 어려움까지 겪었다. 만약 그에게 그렇듯 뛰어난 재능이 없었다면 아마 벌써 목숨을 잃고 말았을 것이다.

163

옛 속담에 '죄를 씌우려고만 한다면 어찌 구실이 없음을 걱정하리오.'라는 말이 있듯이, 소하가 감옥에 가게 된 것은 아주 사소한 일 때문이었다.

황실의 정원이었던 상림원上林苑은 초나라와 한나라의 오랜 전쟁으로 황폐해져서 잡초가 무성했다. 소하는 장안성 면적의 거의 삼분의 이에 해당하는 땅이 버려져 쓸모없게 된 것을 매우 애석하게 생각하여, 그 토지를 농지로 만들어서 백성들이 농사를 짓도록 했다. 본래 좋은 의도에서 한 일이지만 뜻밖에 유방이 이것을 빌미로 삼아 질책하며 있지도 않은 억울한 죄명을 씌웠다. "이는 분명 다른 사람이 그대에게 뇌물을 준 것이야. 내 땅을 갖고 그대가 인심을 쓰다니!"

그렇게 말하면서 소하를 끌어내 엄하게 고문을 하라고 명했다. 소하는 변명할 길이 없었으며, 단지 울분을 꾹 참을 뿐 아무 말도 하지 못했다.

옆의 시종들마저 이 일을 지켜보면서 의분을 느꼈고 며칠이 지나도록 유방이 소하를 석방할 뜻이 없어 보이자 한 시종이 간언하여 말했다. "황제 폐하! 신의 직언을 용서하십시오. 소하는 재상의 신분으로 백성을 생각하여 행한 일입니다. 이것은 그의 직무이니 비난할 것이 못됩니다. 폐하께서는 그가 뇌물을 받았다고 의심하시지만 제가 보기에 소하는 그럴 사람이 아닙니다. 옛날 폐하께서는 항우와 천하를 다투셨고, 후에 또 반란군을 토벌하시러 직접 출정하셨습니다. 그렇게 폐하가 도성을 비웠을 때, 소하에게 만약 다른 마음이 있었다면 벌써 천하는 폐하의 것이 아닐 것입니다! 이처럼 큰 이익을 탐하지 않은 그가 어찌 사소한 이익을 탐내겠습니까? 만약 폐하께서 그를 뇌물이나 받는 천박한 사람으로 생각하신다면 그것은 곧 그를 너무 경시한 것입니다! 그 처럼 최선을 다해 천하 통일을 이루도록 보좌한 사람은 고금을 통해서도 보기 힘들며 폐하께서는 앞으로 그를 쓸 날이 더 많이 남아 있습니다. 만약 앞으로 폐하께서 직접 출정하실 일이 생긴다면 어디서 이처럼 믿을 만하고 실력 있는 조력자를 구하시겠습니까?"

그의 말은 흠 잡을 곳이 전혀 없었기 때문에 유방도 할 말을 잃었다. 가만히 생각해보니 소하가 비록 백성들의 민심을 많이 얻었지만 반면 명성이 좋지 않을 때도 있었기 때문에 자신의 권위를 위협하기에는 부족하고, 또한 그를 쓸 곳이 아직 많이 남아있다는 생각이 들었다. 여러 가지를 고려해 본 유방은 마음이 풀어져 소하를 석방하도록 했다.

소하는 자신을 아주 형편없게 꾸미고는 공손하게 조정에 나아가 감사를 드렸다. 유방은 겉으로는 미안하다고 했지만 마음속으로는 여전히 약간 화가 나서 말했다. "이번에 재상인 그대를 많이 욕되게 했네. 우선 집으로 돌아가 푹 쉬도록 하게! 그대가 그날 행한 일은 역시 백성들을 위한 것으로 만약 내가 윤허하지 않는다면 걸왕이나 주왕과 마찬가지인 폭군이라는 것을 스스로 증명하는 것이 되지 않는가! 결국에는 그대의 명성만 길이 남게 될 것이다. 내가 만약 그대를 다시 가두면, 아마도 백성들은 나에 대한 원한이 골수에 사무칠 것이다."

다른 사람이 당신을 신임하는 것은 단지 당신을 좋아하기 때문만은 결코 아니며, 의지하고 기댈 만한 것이 있기 때문이다. 그러므로 다른 사람이 계속해서 당신을 필요로 하도록 만들어야 하며, 있어도 그만 없어도 그만인 사람이 되어서는 안 된다.

대장군 한신이 결국 유방에게 버림받을 것을 소하는 잘 알고 있었기 때문에 그는 최선을 다해 화를 벗어나려고 여러 방면으로 노력했다. 그가 피할 수 없는 의심을 받고 감옥에 갇혔을 때 유방으로부터 석방된 이유는 무엇일까? 그것은 유방이 보기에 그는 아직 이용할 가치가 있었기 때문이다.

❧

변명 대신 더욱 분명하게 인정하다

한나라의 공손홍公孫弘은 어렸을 때 집이 너무 가난하여 매우 힘들게 살았다. 흔히 궁하면 살아나갈 방법을 더 열심히 구한다는 말이 있듯이, 그는 열심히 배우고 자신을 갈고 닦아 마침내 승상에 자리에 올랐다. 높은 자리에 올라 권력을 가졌지만 여전히 어렸을 때의 검소하고 소박한 생활습관을 버리지 않아서 밥을 먹을 때는 한 가지 반찬만 먹었으며 잠을 잘 때도 보통 민가에서 사용하는 면 이불을 사용했다. 그의 이러한 생활에 하인들도 감탄해 말했다. "우리 어르신이야말로 참으로 청렴하시구나!"

이런 얘기들은 금방 조정에까지 전해져 모든 문무백관들이 감동했지만, 대신인 급암은 오히려 그렇게 생각하지 않고 무제에게 상소를 올려 공손홍을 탄핵했다. "공손홍은 지금 삼공의 자리에 있습니다. 옛날처럼 그렇게 가난한 것도 아니고, 많은 봉록을 받고 있으면서도 왜 여전히 면 이불을 덮고 한 가지 반찬으로 식사를 하는지 그 이유를 알 수 없습니다."

황제는 웃으며 말했다. "지금 조정의 모든 사람들이 그를 청렴결백하다고 칭찬하지 않느냐? 공손홍은 옛날의 고생을 잊지 않았기 때문에 지금도 검소함의 미덕을 갖고 있는 것이다."

급암은 고개를 저으며 말했다. "미천한 신이 보기에는 공손홍이 자신의 명예를 높이려고 속임수를 쓰는 것 같습니다. 검소하고 청렴하다는 소리를 듣기 위해 겉으로만 그럴듯한 거짓된 생활을 하고 있습니다."

무제가 곰곰이 생각해 보니 어느 정도 일리가 있어 보였다. 한번은 아침 조례에서 기회가 있어 공손홍에게 물었다. "급암은 그대가 온갖 거짓된 수단으로 명예를 추구한다던데, 그대의 검소함이 일부러 남에게 보여주기 위함이라는 것이 사실인가?"

공손홍은 그 말을 듣고서는 억울하여 바로 앞으로 나아가 변명하려 했지만, 곰곰이 생각해 보니 무제는 지금 한쪽 말만 듣고서 선입견에 사로잡혀 자신이 거짓으로 검소한 척하는 사람이라고 생각하는 것 같았다. 이런 상황에서 조급하게 변명하면 여러 문무백관들도 자신을 분명 '온갖 수단을 부려 명예를 추구하는 위선자'라고 생각할 것이다. 이 질책은 목숨에 관한 것도 아니고 기껏해야 자신의 명예를 상하게 할 뿐이므로 억지로 변명할 필요가 없을 듯했다. 다른 사람의 눈에 어떻게 보일지 신경 쓰지 않고 스스로 부끄러움 없이 청렴한 자신의 미덕을 계속해서 지켜나간다면, 시간이 지난 후에 자연스럽게 모든 오해를 풀게 될 것이라고 생각했다. 공손홍은 화를 삼키며 어떠한 변명도 하지 않기로 마음먹고 자신이 수단을 부려 명예를 추구했다고 인정했다.

그가 대답했다. "급암의 말이 맞습니다. 그는 조정의 대신들 중에서 저와 왕래가 가장 빈번하고 교분이 두터워 저의 생활에 대해 가장 잘 알고 있으며 저를 가장 잘 이해하는 사람입니다. 그가 황제께 고한 것은 저에 대한 따끔한 충고로 모두가 저의 부족한 점을 지적한 것입니다."

무제는 공손홍이 자신을 위해 변명할 거라고 생각했지만 오히려 이런 말을 듣게 되자 매우 의외였다. "그래? 급암의 말이 모두 사실이란 말인가?"

"저는 삼공의 자리에 있으면서 싸구려 면 이불만을 덮고 음식도 아끼는 등 하급관리와 같은 생활을 했습니다. 이는 분명 거짓으로 청렴한 척하여 명예를 추구한 것입니다." 그리고는 계속해서 말했다. "급암은 충성심이 두텁고 사람됨이 정직하니 만약 그가 아니었다면 폐하께서도 이 일을 알지 못하셨을 것이고 저에 대한 비판을 들을 수도 없었을 것입니다."

무제는 공손홍의 말을 듣고서 오히려 그의 사람됨이 성실하고 겸손하다고 생각했다. 더욱이 그가 자신을 비판하는 상대방에 대해 칭찬을 아끼지 않는 것을 보고는 '재상의 마음은 배도 저을 만큼 넓다.'는 생각이 들었다. 공손홍의 대답으로 인해 그에 대한 존경심이 더 높아졌다. 다른 동료들과 대신들 역시 자신의 마음을 숨김없이 내보

이는 공손홍을 보고서 이런 사람이 어떻게 수단을 부려 명예를 추구
하겠느냐고 생각했다.

모든 일에 반드시 해명이 필요한 것은 아니다. 자신을 믿는 사람에게 하는 해명
은 쓸데없는 것이며 자신을 믿지 않는 사람에게 하는 해명은 불필요한 것이다.
스스로에게 깨끗하고 청렴하다면 모든 질책에 대해 일일이 변명할 필요는 없으
며 억지로 변명하면 오히려 부정적인 효과를 낼 수도 있다.

⚜

부뚜막을 지키며 술을 팔다

한나라의 사마상여司馬相如는 곤궁한 가정 출신이지만 부지런히 공
부하여 검술, 음악, 시문 등 다방면에 뛰어났다. 당시 임공臨邛의 현령
왕길王吉이 특히 그의 재주를 마음에 들어 하여 함께 시서에 대해 논
하기를 좋아했으며, 성 밖에 있는 관사에 묵도록 하고는 정기적으로
그를 찾아갔다.

당시 유명한 부호였던 탁왕손卓王孫은 현령으로부터 사마상여의 명
성을 듣고는 자신도 이 풍류 넘치는 사람과 사귀고 싶었다. 사마상여
를 집으로 초대하여 풍성한 연회를 베풀었으며 거문고를 연주하고
시를 지어 정성껏 그를 대접했다.

탁왕손의 딸 탁문군卓文君은 능력이 많은 여자로 음악과 바둑, 서화

169

등에 재능이 있었으며 특히 음악에 뛰어났다. 그러나 불행히도 결혼한 지 얼마 되지 않아 남편이 죽었기 때문에 친정으로 돌아와 줄곧 수절하며 지냈다. 탁문군은 부친이 거문고를 잘 연주하는 사람을 집으로 청했다는 말을 듣고는 병풍 뒤에 몰래 숨어서 그 소리를 들었다. 그녀는 사마상여를 보자마자 훌륭한 풍채와 절묘한 연주솜씨에 마음을 빼앗기고 말았다.

사마상여가 고개를 들었을 때, 마침 병풍 뒤에 숨어있는 탁문군을 발견했다. 그는 일찍이 탁문군이 재모를 겸비했다는 말을 들었는데 직접 보니 과연 절세의 미인이었다. 그는 즉시 '봉구황鳳求凰'이라는 곡을 연주를 하여 자신의 마음을 나타내고 상대방의 뜻을 살폈다. 총명한 탁문군은 사마상여의 마음을 곧바로 알아차렸지만 그는 매우 가난한 사람이라 부친인 탁왕손이 분명 자신과 그의 결혼에 동의하지 않을 것이라고 생각했다. 그래서 그날 저녁 그녀는 짐을 꾸려 사마상여와 야반도주하여 성도成都까지 갔다.

탁왕손이 알아챘을 때 그녀는 이미 사마상여와 멀리 가버린 후였다. 그는 매우 화가 나서 더 이상 딸에게 한 푼도 주지 않기로 마음먹었다.

탁문군은 사마상여와 혼례를 하고 평생을 함께하기로 약속했지만 남편은 너무 가난하여 가진 것이 아무 것도 없었고, 부친도 경제적인 도움을 끊어버려 생계가 곤란해졌다. 그녀는 금방 곤경에서 벗어날 수 없음을 알고 한 가지 방법을 생각해 냈다. 그녀는 부친이 대부분 높은 지위에 있는 사람들과 교분을 갖고 있었기에 겉치레와 체면을 중시한다는 것을 알고 있었다. 그래서 사마상여와 술집을 열기로 했다. 그 이유는 첫째, 자신에게 술 담그는 기술이 있어서 잠시 동안이라도 입에 풀칠을 할 수 있기 때문이고 둘째는 사람들이 장사하는 것을 천하게 생각하므로 부친이 그 사실을 알게 되면 자신의 체면을 위해서라도 도움을 줄지 모르기 때문이었다.

이 결정은 곧 행동으로 옮겨졌다. 두 사람은 함께 임공으로 돌아와 술집을 할 준비를 했다. 사마상여는 앞치마를 두르고 직접 주방에서 그릇을 씻었고 탁문군은 부뚜막 옆에서 손님을 위해 술을 데우고 안주를 준비했다. 이 소식은 금방 퍼져나가 사람들의 입에 오르내렸다. "탁왕손에게는 거액의 재산이 있는데 여식은 아궁이를 지키며 술이나 파는 천한 일을 하다니 참으로 돈만 아는 인정 없는 아버지구만!"

탁왕손은 딸이 술집을 한다는 소식을 듣고 화가 났지만, 다른 사람들이 자신의 뒤에서 욕하는 것을 매우 창피하게 여겨 어쩔 수 없이 그들에게 재산을 나누어 주었다. 그러면서 임공에 남아서 계속 자신의 체면을 손상시키지 말고 먼 타향으로 가서 살도록 했다. 이렇게 하여 두 사람은 곤경에서 벗어날 수 있었다.

다른 사람의 마음속에 있는 가장 약한 부분을 잘 파악하고 있으면 약간 반의적인 말로도 그 사람을 크게 흔들어 놓을 수 있으며, 그리하여 상대방의 자신에 대한 속박을 풀 수 있다.

탁문군은 부친이 체면을 중시한다는 약점을 이용하여 손쉽게 곤경에서 벗어나 자신의 목적을 달성했다.

재주를 너무 뽐내다 죽음에 이르다

한나라 때 하남태수 오정위吳廷尉는 그 지방의 가의賈誼라는 서생이 제자백가의 책을 두루 읽고 재능이 비범하다는 말을 듣고는 그를 매우 중용했다. 국가의 대사가 있을 때마다 가의를 집으로 불러 의견을 물었고, 오정위는 그의 도움을 받아 금방 정치적으로 큰 업적을 이룩했다.

문제文帝가 황제에 등극한 후 오정위는 황제에게 가의를 추천했다. 문제는 즉시 가의를 박사博士로 삼아 궁으로 불렀고, 그때 가의의 나이는 겨우 20여 살로 어린 나이에 뜻을 이루자 의기양양해서는 어디서나 자기를 뽐내며 과시했다.

나라에 곤란한 일이 생겨 조정 대신과 회의를 할 때마다 가의는 그 문제를 쉽게 해결했고 황제는 매우 만족해했지만, 반면 여러 문무 대신들은 다소 곤란한 처지가 되기도 했다. 비록 그들은 입으로는 가의에게 탄복하고 자신이 그만 못한 것을 한탄했지만 마음속으로는 은근히 불쾌했다.

문제는 뭇사람보다 재주가 뛰어나고 용모가 수려한 가의를 매우 좋아하여 1년도 채 되지 않아 가의를 시중대부侍中大夫에 임명했다. 가의는 천하를 잘 다스리기 위해 개혁을 실시해야겠다고 생각하고 강력한 주장을 펴서 새로운 예의와 법규들을 만들었다. 그는 황색을 존귀한 색으로 정하고 모든 복장 중에 황색이 으뜸이 되도록 했다.

그리고 권위의 등급을 새롭게 설정하고 관명과 그 직무를 다시 정비했다. 이렇게 되자 진나라 때부터 전해지던 조정의 규율과 법도가 완전히 바뀌게 되었다.

대신이었던 주발周勃과 관영灌嬰, 동양후東陽侯인 장상여張相如와 어사대부御史大夫 풍경馮敬 등은 평소 가의에 대해 매우 반감을 갖고 있었다. 그들은 가의가 서슴없이 전통적인 제도를 무너뜨리자, 황제에게 그의 결점을 낱낱이 이야기했다. "가의는 비록 재주와 학문이 약간 있다고는 하지만 다른 사람은 안중에도 두지 않고 법제法制를 마음대로 바꾸니 이런 독단적인 행동은 권력을 찬탈하려는 것과 마찬가지입니다. 황제께서는 그냥 두어서는 안 될 것입니다. 더욱이 지금 천하는 그로 인해 일대 혼란에 빠졌으니 두루 살펴주시기를 청합니다."

문제는 가의가 한 모든 행동들을 돌이켜보았는데 곰곰히 따져보니 그가 재주를 너무 뽐내고 방자하게 굴었던 적도 있다는 생각이 들었다. 그후 황제는 점점 가의를 멀리하기 시작했으며 결국 장사長沙로 그를 파견하여 장사왕長沙王의 공부를 돕는 선생이 되도록 했다. 그렇게 1년이 지난 후 황제는 다시 가의를 불렀다. 가의는 새롭게 중용될 것이라는 기대감을 가지고 도성으로 돌아왔으나 아쉽게도 황제는 '한밤중에 그를 불러 가까이 앉히고는 백성에 대해서는 묻지 않고 헛되이 귀신에 대해서만 물었다.' 가의는 크게 실망하고 다시 장사로 돌아왔다.

가의는 후에 계속해서 별로 좋지 않은 일을 당하게 된다. 문제는 자식들 중에서 어린 아들인 양회왕梁懷王을 가장 좋아하여 가의를 양회왕의 태부太傅로 임명했다. 동시에 회남淮南의 여왕자勵王子 등 저력 있는 네 사람을 열후列侯에 봉했다. 가의는 이렇게 하면 아마도 반란이 생겨 황제의 자리를 위협할 수도 있을 것이라고 생각하여 즉시 상소를 올려 반대했다. 그러나 그때 가의의 신분은 본래 정사에 참여하기에 적합하지 않았고, 여러 차례 올린 상소가 너무 날카롭고 말투 또한 격렬하여 문제는 점점 그를 싫어하기 시작했으며, 그 의견 역시 받아들이지 않았다.

얼마 지나지 않아 양회왕이 말을 타다가 낙마하여 죽고 말았고, 선생의 신분인 가의 역시 책임을 벗어나기 어려웠다. 그는 자신이 태자를 잘 돌보지 않았음을 후회하고 매일 눈물을 흘리며 슬픔 속에 빠져서 스스로 헤어날 수 없었다.

속담에 '모난 돌이 정을 맞는다.'고 했다. 황제는 이런 여러 가지 사건들로 인해 더 이상 그를 신임하지 않았고 동료들도 그를 멀리하여 가의는 뭇사람들의 비난의 대상이 되었다.

그리하여 33세의 나이에 가의는 적막과 비애 속에서 세상을 떠났다.

세상을 살면서 어떤 큰일을 이루어냈다면 경우에 따라서는 치밀함을 감추고 서투른 것을 드러내야 해야 하며, 비범한 재능을 너무 뽐내거나 자랑해서는 안 된다. 동시에 대인 관계를 원만하게 이끌어야지 재주만 믿고 다른 사람에게 반감을 사는 행동을 해서는 안 된다. 만약 뭇사람의 비난의 대상이 되면 곳곳에서 방해를 받아 한걸음도 움직일 수 없게 되며 더 이상 대업을 이루는 것은 불가능하다.

✦

기회를 잘 보아 간언하다

삼국시대 유비는 큰 뜻을 품고서 마음속으로 줄곧 위나라와 오나라를 멸하고 천하통일을 이루어 한나라를 부흥시키려 했다. 그는 원래 짚신을 팔던 미천한 시골 출신이었지만 열심히 노력하여 결국에는 촉蜀 땅에 자신의 정권을 세웠다.

이런 유비도 처음에는 욕심을 스스로 잘 다스렸지만 시간이 갈수록 현실에 안주하게 되어 이전의 투지가 사라졌으며 주변에 아첨하는 무리들이 늘어만 갔다. 이런 변화가 아내인 감甘부인의 눈에 들어왔다.

감부인은 서주徐州에 있을 때 받아들인 소첩으로 유비는 그녀를 매우 총애했다. 감부인은 아름다운 몸매와 옥 같은 피부를 가진 매우 아름다운 여인이었으며, 학식과 교양이 있고 예의가 바르며 세상물정에도 밝았다. 원래 부인이었던 미麋부인이 세상을 떠난 후 유비는 감부인과 한시도 떨어지지 않고 항상 옆에 두었다.

유비는 파촉巴蜀을 점령한 뒤엔 안팎의 일을 모두 승상인 제갈량에게 맡기고, 더 이상 한나라 왕실의 부흥이라는 목표를 생각하지 않았다. 유비가 이전의 큰 뜻을 잃은 것을 보고는 여러 소인배들이 그를 둘러싸고는 환심을 사려 했다.

한번은 한 지방관리가 유비에게 옥을 조각해서 만든 인물상을 보내왔다. 인물상의 크기는 네 척이었는데, 밝은 빛을 내는 아름다운 재질로 매우 정교하게 조각되어 있어 마치 살아있는 듯 했다. 유비는 이를 보고 기쁨을 감추지 못했다. 그는 감부인을 안고서 옥 조각상을 가리켜 말했다. "그대의 피부는 이 옥으로 만든 상과 비교해도 뒤지지 않는구려!"

그는 조각상을 자신의 침실에 두고서 얼음처럼 맑고 옥처럼 깨끗한 감부인과 빛나는 옥 조각상을 서로 비교하며 그 속에만 푹 빠져 지냈다.

감부인은 유비가 옥 조각상에만 마음을 빼앗기고 황제라는 자신의 역할에 소홀한 것을 보고는 마음이 매우 조급해졌다. 계속해서 이런 나날을 보낸다면 유비는 안일함에 빠져 진취성을 잃어버리고 결국에는 평범한 무리와 똑같이 될 것이라고 생각했다. 하지만 만약 그에게 직언으로 간한다면 부인의 도리를 지키지 못하고 정치에 참여하려 한다는 의심을 받을 수 있으며, 무작정 조각상을 깨뜨려버리면 유비가 자신을 원망하여 부부관계가 위태롭게 되지 않을까 걱정했다. 어느 날 그녀는 방에서 옥으로 만든 사람을 보다가 문득 '자한은 옥을 보석으로 여기지 않는다.[子罕不以玉爲寶]'라는 고사가 생각났다.

저녁이 되어 유비가 돌아오자 감부인은 부드러운 목소리로 말했다. "이처럼 옥을 좋아하시니 제가 옥과 관련된 이야기를 해드리지요."

유비도 매우 흥미가 있어 재촉하여 말했다. "그것 좋겠구나! 어서 말해보아라."

"춘추시대 송나라에서 벼슬을 하던 자한이 다른 사람으로부터 천연의 옥을 선물로 받았는데 대왕께서 갖고 있는 것과 마찬가지로 사람의 형상이었습니다. 그러나 자한은 단호하게 거절을 하며 말했습니다. '네가 보내온 보물은 분명 매우 드문 것이다. 그러나 너는 옥을 보물로 생각하지만 나는 청렴함을 보물로 여긴다. 내가 그것을 받게 되면 너와 나는 모두 각자의 마음속에서 가장 아끼는 것을 잃게 되니 차라리 네가 다시 갖고 가도록 해라!' 그 사람은 자한에 대해 존경을 아끼지 않으면서 사람들에게 '자한은 옥을 보석으로 여기지 않았다.'고 이야기했다는데, 이 고사는 지금까지도 전해지고 있습니다."

유비가 듣고서는 잠시 생각에 잠기자 감부인이 계속해서 말했다. "자한은 대왕께서 받은 것과 똑같은 옥을 보물로 여기지 않았지만 대왕께서는 손에서 놓지를 못하시고 그것과 더불어 즐기시는 것을 그치지 않고 있습니다. 노리개는 반드시 뜻을 잃게 하니 편안할 때 오히려 위험을 생각해야 합니다. 오늘날 위나라와 오나라가 여전히 강한 적국으로 남아 있으니 대왕의 책임은 무겁고 갈 길은 아직 멉니다."

유비는 매우 부끄러워하며 부인의 앞에서 조각상을 부수어 버렸고, 그 이후로는 아첨하는 무리를 멀리하고 최선을 다해 나라를 다스리는 일에만 전념했다.

편안하게 있을 때 위험한 것을 생각해야 하고, 뜻을 이루었을 때 나태해서는 안 된다. 이것이 바로 사업을 성공시키는 전제이다.

그리고 다른 사람에게 충고할 때에는 말하는 방식뿐만 아니라 그 시기도 중요하다. 그 사람이 주의하지 않을 때 기회를 잡아 적절한 비유를 통해 부드럽고 간접적으로 충고하는 것이 목적을 이루는 데 유리하다. 지나치게 단도직입적으로 충고하는 것은 서로의 감정을 상하게 할 수 있다는 점을 기억해야 한다.

⚜

지혜롭게 충심을 나타내다

남송시대의 소도성蕭道成은 용감하고 싸움을 잘하여 많은 전공을 세웠으며, 지위가 점차 높아져 연주자사連州刺史, 시서侍書, 가관군장 군假冠軍將軍, 도독초토선봉都督招討先鋒 등 군대의 요직까지 겸직을 하게 되었다. 469년 소도성은 여러 벼슬과 더불어 병권을 쥐고 있어서 백성들에 대한 영향력도 갈수록 커졌고 사람들 사이에서 '소도성이 당연히 천자가 되어야 한다.'는 말이 퍼질 정도였다.

당시 황제인 명제는 천성적으로 의심이 많고 미신을 신봉하여 많은 금기를 두었다. 다른 사람이 그가 정한 금기를 범하면 일단 앞뒤 고려하지 않고 그 사람을 죽인 후에 다른 일들을 처리했다. 그가 가장 용인할 수 없었던 것은 바로 흉凶, 상喪, 사死, 화禍, 재災 등의 불길한 글자들이었다. 경도京都에 선음문宣陰門이라고 있었는데, 사람들은 피휘避諱(고대 중국에서 군주나 자신의 조상의 이름에 쓰인 글자를 다른 곳에 사용하지 않는 관습―옮긴이)하기 위해 이름을 '백문白門'으로 고쳤지만 명제는 이 것마저도 불길한 징조로 생각하였으며 이때 많은 사람들이 말실수로 참혹하게 죽음을 당했다. 그의 의심과 미신은 최고조에 달하며 일생 생활에서 침대를 옮기고 벽을 수리하거나, 심지어는 돌 하나를 옮기

178

는 것까지도 이전 황실의 역사를 조사하고, 귀신과 조상들에게 제사를 지내고, 여러 차례 다른 명령을 내렸다.

'군주를 모시는 것은 호랑이 옆에 있는 것과 같다.'라는 속담이 있듯이 소도성은 명제의 성격과 괴팍함을 잘 알고 있었고, 사람들 사이에 자신이 천자가 된다는 소문이 떠도는 것을 알고는 항상 조심하고 여러모로 방비하여 황제에게 어떠한 약점도 잡히지 않으려 노력했다. 그러나 명제의 귀에도 항간에 떠도는 소문이 들어갔고, 소도성의 손에 병권이 쥐어져 있기 때문에 그가 황제 자리를 빼앗지 않을까 의심했다. 이에 황제는 여러 기회를 이용하여 소도성을 시험해보려고 했다.

한번은 소도성이 회양淮陽에 주둔하고 있었는데 명제는 특히 신뢰하는 장군 오희吳喜에게 군사 삼천 명을 주고는 소도성을 만나라고 했다. 이때 술 한 병을 하사하여 가지고 가도록 했으며 떠나는 오희에게 귓속말을 했다. 소도성은 오희가 데리고 온 군사와 말을 보자마자 명제가 의심하여 보냈다는 것을 알아차렸고 오희는 술을 전해 주면서 말했다. "이것은 황제께서 하사하시는 술이니 지금 바로 드시지요!" 말을 끝내고서는 보검을 잡고 소도성을 보았다. 소도성의 부하 장수들은 그 술에 독이든 것이 아닌가 걱정을 하며 지켜보고 있었다.

소도성은 조금도 당황하지 않았고 명제가 단지 소문 때문에 자신을 의심하여 술을 내려 시험하는 것이라고 생각했다. 만약 황제가 하사한 술을 마시지 않는다면 그것은 반역의 의도가 있는 것으로 보고 오희에게 군사들을 동원하여 자신을 죽이라고 했을 것이며, 실제로 그 술에는 독이 없을 것이라 확신했다. 왜냐하면 소도성이 현재 맡고 있는 지위는 다른 사람이 대신할 수 없는 것으로 그를 죽인다면 송나라가 위태로워질 수 있기 때문이다. 그러므로 소도성은 명제가 자신을 죽일 리가 없고, 또한 죽일 마음이 있더라도 최소한 지금은 아니며 기껏해야 한번 떠보는 것일 뿐이라고 생각했다. 그는 술병을 열고는 목을 쭉 빼고 벌컥벌컥 다 마셔버렸다. 오희는 돌아와 황제에게 보고를 했으며 그 말을 들은 황제는 안심했다.

또 얼마 뒤에 명제는 소도성을 불러 들였다. 많은 사람들은 이번에 가면 죽음을 면하기 어려울 터이니 다른 길을 도모하라고 권유했지만 소도성은 자신 있게 말했다. "걱정하지 마라. 나는 지금의 형세를 매우 잘 알고 있다. 지금 황족들은 형제들끼리 서로 싸우고 있으며 황제는 반란을 평정하느라 다른 일을 돌볼 여유가 없다. 만약 내가 가지 않으면 오히려 그의 의심을 받게 되니 더욱 위험하게 될 것이다."

명제는 소도성이 부름을 받고 금방 온 것을 보고는 그에 대한 의심을 풀고 산기상시散騎常侍라는 벼슬을 내렸다.

소도성은 여러 차례 자신의 충성을 보여주며 명제가 경계심을 풀도록 했으며, 후에 때가 무르익자 송나라를 일거에 빼앗았다.

큰 지혜나 용기는 지금 처한 환경과 형세에 대한 정확한 분석이 있어야 지닐 수 있다. 소도성은 자신이 처한 위험에 대해 분명히 알고 있었기에 교묘히 위장하여 고비를 넘길 수 있었다.

그가 한 모든 행동은 객관적이고 치밀한 분석을 통해 나온 것이므로 여러 가지 시험에 당황하지 않고 담대하게 대처할 수 있었으며 결국에는 황제의 자리에 오를 수 있었다.

큰 칼로 사람들의 이목을 끌다

당나라 진자앙陳子昴은 당대의 대학자로 젊은 시절 그가 막 장안에 왔을 때에는 학식이 풍부하고 문학적 재능도 뛰어났지만, 세상에 이름이 알려지지 않은 무명이었다.

진자앙은 재능이 있으면서도 그것을 펼 기회를 얻지 못하여 매우 우울했다. 어느 날 그는 말을 보는 눈이 정확했던 백락伯樂같은 사람이 없어서 자신과 같은 천리마를 알아보지 못하는 것에 대해 한탄하며 거리를 방황하던 중에 길모퉁이에서 칼 파는 사람을 보았다. 그 사람은 손에 아주 묵직한 칼을 들고 흔들며 오고가는 행인들을 향해 큰소리로 외쳤다. "심혈을 기울여 만든 보검이 은 800냥! 800냥!"

진자앙이 칼을 자세히 살펴보았지만 보통 칼과 비교해 별다른 점이 없었고 지나가는 사람들도 터무니없이 비싼 가격에 모두 어이가 없어했다.

진자앙은 이 모습을 보고는 묘안이 떠올라 흔쾌히 주머니에서 돈을 꺼내 그 큰 칼을 샀다. 사람들은 서생처럼 생긴 사람이 큰 칼을 사자 모두 이상하게 생각했고, 그 중 한 사람이 물었다. "행색을 보아하니 무예를 하는 사람도 아닌 것 같은데 어째서 칼을 샀습니까?" 또 다른 사람이 말했다. "이 자는 분명 칼 파는 사람과 한 패가 틀림없어."

의견이 분분한 가운데 진자앙은 칼로 땅을 한 번 찌르며 사람들 앞에서 큰소리로 말했다. "저는 어려서 무예를 익혔고 이제 보검을 얻었으니 참으로 호랑이가 날개를 단 것 같습니다. 내일 아침 일찍 저는 친구들을 모아 솜씨를 선보일 것이며, 무예를 통해 새로운 사람들과 사귀고자 합니다. 지금 여기 계시는 분 중에 흥미가 있으신 분은 내일 오셔서 한 수 가르쳐 주시길 바랍니다. 아마도 헛걸음은 되지 않으실 겁니다." 그리고는 시간과 장소를 말하고 급히 떠났다. 순식간에 거리마다 이 소식이 전해졌고, 사람들은 모두 내일 아침에 성대한 무술대회를 볼 수 있을 것이라고 기대했다.

이튿날 아침 진자앙은 일찍 약속장소로 갔고 이미 많은 사람들이 소문을 듣고 모여 있었다. 하지만 무림의 친구라는 사람들은 한 명도 없었고 진자앙만이 그곳에 서 있었다. 그는 보검도 지니지 않았고 곁에는 다만 책 상자 두 개만이 놓여 있었다. 진자앙은 본래 무술의 고수도 아니었고 그가 가진 것은 뛰어난 학식과 경륜이었으며 상자 안에는 그가 지은 훌륭한 문장들이 가득 들어 있었다. 그러나 장안에 온 이후로 이 재주 있는 사람을 알아주는 사람이 한 명도 없었다.

장안의 많은 사람들을 마주한 진자앙은 큰 걸음으로 앞으로 나아가 말했다. "우선 여러분들에게 양해를 구하겠습니다. 저는 사천에서 온 진자앙이란 사람으로 장안의 어르신들이 글을 좋아하신다고 들었습니다. 제가 비록 재주는 없지만 몇 백 편의 졸작이 있어서 여러분들과 글로 친구가 되고자 합니다. 무술과 칼을 쓰는 것은 용감한 무인들의 일이지 저의 전문분야가 아닙니다. 여러분들께서 실망하셨다면 깊이 사과드립니다! 삼가 서툰 글을 선물하여 보상하고자 합니다."

말을 마치고는 공손히 절하고, 상자 안에 있는 문장을 그 자리에 있는 사람들에게 나누어 주었다. 그 수백 편의 문장은 모두 문채가 화려하고 글자마다 살아있는 듯하여 사람들은 그것을 읽자마자 진자앙의 재주에 탄복했다. "이처럼 재주 있고 학식 있는 사람이 아직 알려지지 않았으니 참으로 유감이로구나!"

그날부터 진자앙의 이름이 온 장안성 안에 알려지게 되었다.

아무리 실력이 있어도 그것을 어떻게 세상에 알리느냐가 매우 중요하다. 남의 이목을 끌 수 있는 사물을 빌려 사람들의 관심을 받는 것도 좋은 방법 중 하나이다. 소위 '좋은 술은 골목이 깊음을 걱정하지 않는다.'는 말은 예전의 사고방식이며 지금 사회에서는 통하기 힘들다.

진자앙의 행동은 중국 역사상 최초의 광고라고 할 수 있다. 만약 그가 칼이라는 사물을 빌려 사람들의 주의를 끌지 못했다면, 그의 명성과 문장이 지금까지 전해지지 않았을 수도 있다.

✦

형이 동생만 못하다

소동파蘇東坡, 소철蘇轍 두 형제는 모두 학문이 뛰어나고 나라에 충성했는데 동생이 형보다 더 대단했다. 형인 소동파가 상서학사尙書學士의 관직에 있을 때 동생 소철은 이미 더 높은 집정대신執政大臣의 자리에 있었고, 사람들은 그를 좌승상左丞相이라 불렀다. 그 둘은 모두

고관이었지만 어려서부터 가정교육을 잘 받아 청렴하고 정직한 품성을 갖고 있어서 한 번도 높은 관직을 이용하여 치부致富하지 않았다.

하루는 두 형제와 모두 친하게 지내던 어떤 사람이 장사를 하려고 했지만 자금이 부족하여 돈을 빌리려 했다. 그는 소철이 지위가 높고 권세가 있었기 때문에 수중에 분명히 돈이 있을 것이라 생각하고 그를 찾아갔다. 그는 분명 돈을 빌릴 수 있을 것이라는 기대와 희망을 갖고 소철을 만났으나 결과는 매우 실망스러웠다. 돈을 한 푼도 빌리지 못했을 뿐만 아니라 괜히 체면만 구긴 꼴이 되었다. 그는 속으로 소철이 참으로 인정 없는 사람이라 생각했다.

소철에게서 돈을 빌리지 못하자 그는 소동파가 소철보다 관직이 높지는 않지만 더 오랫동안 벼슬을 했기 때문에 당연히 동생보다는 돈이 많을 것이라 생각하고 소동파를 찾아갔다.

인사말을 주고받은 뒤 소동파는 이 사람이 동생 집에서 아무런 소득도 없었기 때문에 마음속으로 부끄럽고 괴로워한다는 것을 알았다. 하지만 자신도 돈이 없기는 마찬가지로 마음은 있었으나 여력이 없었다. 주겠다고 하자니 분명 꿔줄 만한 돈이 없고 거절하자니 동생에게까지 들려 온 이 사람의 어려운 처지를 모른 척하는 것 같아 적잖이 고민스러웠다. 대놓고 직접 이런 저런 설명을 하면 오히려 찾아온 사람의 체면이 상할 것이라 생각한 소동파는 적절한 방법을 통해 거절해야겠다고 마음먹었다.

소동파는 여전히 모르는 척하고는 함께 이야기를 나누다가 문득 어떤 이야기가 떠올라 그에게 들려주었다.

어떤 사람이 참으로 궁핍하여 아궁이에 불도 못 땔 정도로 가난했

는데, 이런저런 궁리 끝에 도굴을 하면 빨리 돈을 벌 수 있지 않을까
생각했다.

　그는 곧바로 그 날 저녁 달빛 아래에서 무덤을 파 들어갔지만, 무덤
안에는 사람 한 명만 있을 뿐 옷 한 벌도 들어있지 않았다. 무덤 속의
죽은 사람은 도굴꾼을 보고는 웃으면서 말했다. "나는 한나라 때 양
옥손楊玉孫이란 사람으로 나장裸葬(관은 묻지 아니하고 시체만 땅에 묻음—옮긴
이)할 것을 유언으로 남겼기 때문에 이 무덤엔 아무것도 없네. 미안하
지만 다른 무덤을 파보는 것이 낫겠네."

　가난한 사람은 실망스러웠지만 옆에 두 묘지가 바짝 붙어있는 것
을 발견하고는 다시 희망을 갖고 그 중 하나를 파들어 갔다. 그러나
곧 그 무덤 안의 사람도 돈이 없다는 것을 알게 되었다. 그 사람은 피
골이 상접할 정도로 말라 있었는데 맥없이 탄식하며 말했다. "그대
는 참으로 안목이 없네! 나는 주나라의 곡식은 먹지 않겠다고 다짐하
며 수양산에서 굶어 죽은 숙제叔齊네! 내가 죽을 때 뱃속에는 곡식이
한 톨도 없었으니 어디 값나가는 물건이 있겠는가?"

　가난한 사람은 두 번이나 땀 흘린 것이 모두 수포로 돌아가자 괴롭
고 상심하여 고개를 숙이고 한쪽에 앉아 쉬다가 말했다. "옆에 아직
묘지 하나가 더 남아 있으니 한 번 더 기운을 내야겠다. 이번엔 운이
좋아 보물이 있을지도 모르니."

　그러자 묘지 안에 있던 바짝 마른 숙제가 충고했다. "내가 보기에
는 차라리 힘을 아껴서 집으로 돌아가는 것이 나을 것 같네. 옆의 무
덤은 내 형인 백이伯夷의 묘로, 그는 내가 본 사람 중에 가장 말랐네.
재물이라면 아마 동생인 나보다도 훨씬 못 할 걸세!"

소동파는 이 이야기를 다 마치고 자신도 모르게 웃었고, 집안은 그의 낭랑한 웃음소리로 가득했다. "어떤가? 자네도 재미있는 이야기라고 생각하지 않는가?"

그 친한 사람도 총명한 사람이라서 이야기를 듣자마자 소동파에게는 남에게 빌려줄 만한 돈이 없으며, 또한 상대방의 체면이 상하지 않도록 배려하여 이런 이야기를 했다는 것을 알아차렸다. 그리고 마음속으로는 도와주고 싶지만 여력이 되지 않음을 암시하고 있다는 것도 알았다. 그는 소동파의 남을 배려하는 마음에 감동하여 눈치 있게 다른 화제로 담소를 나누었으며, 더 이상 돈 빌리는 일을 언급하지 않았다.

사람됨은 반듯해야 하고 처세는 원만해야 한다. 또한 친구에게는 반듯해야 하고 적에게는 원만해야 한다. 그러나 여기서 주의해야 할 것은 이러한 처세의 원칙이 절대적인 것이 아니라 상대적이라는 점이다. 친구를 대할 때 어떤 경우에는 방식과 태도를 달리해야 한다. 즉 직설적으로 '아니다!'라고 말할 때와 기교 있게 '아니야' 라고 말할 때를 구분할 줄 알아야 한다.

✦

동파육 東坡肉

소동파는 사람됨이 정직하여 본의 아니게 다른 사람에게 피해를

주는 경우도 있었다. 이 때문에 벼슬길이 순탄치만은 않았고, 한 번
은 황주黃州로 좌천되어 간 적도 있었다. 그러나 어디를 가든지 처한
환경에 잘 적응하고, 그곳 백성들의 고통을 해결하기 위해 노력하여
많은 사랑을 받았다.

황주로 간 그는 돼지고기 가격이 이상하게 싼 것을 발견했고, 후에
현지에서 생산되는 돼지고기를 아무도 좋아하지 않는다는 사실을 알
게 되었다. 부자들뿐만 아니라 가난한 사람들도 먹지를 않았기 때문
에 소동파는 색다른 돼지고기 요리법을 개발했다. 그가 개발한 방법
은 만들기도 쉽고 맛도 매우 뛰어나서 점차 백성들 사이에서 널리 퍼
지기 시작했고, 후에 이 요리를 발명한 소동파를 기념하여 사람들은
'동파육東坡肉'이라는 이름을 붙였다.

이 요리는 소동파가 항주杭州로 임지를 옮겨감에 따라 금방 그곳에
까지 전해졌으며, 독특한 맛과 간단한 요리법 때문에 백성들의 환영
을 받았다. 얼마 지나지 않아 항주에서 제일 유명한 요리가 되었고
각 술집이나 식당마다 모두 이 요리를 만들어 팔기 시작했다.

어사御史 조정지趙挺之는 소동파와 의견이 맞지 않을 때가 많아서 여
러 번 소동파를 곤란하게 했으며, 이 당시 그 갈등이 최고조에 달했
다. 한번은 조정지가 미복을 입고 항주를 순찰하러 갔을 때, 사람들
이 모두 소동파에 대해 호평과 감사의 말만 하는 것을 들었다. 그는
소동파의 약점을 찾지 못하자 불쾌하고 화가 나서 답답한 마음을 술
로 풀고자 했다. 술집 종업원이 반갑게 그를 맞이했다. "손님, 무엇
을 주문하시겠습니까?"

"무슨 특별한 요리가 있으면 아무거나 가져오너라!" 조정지는 다

소화가 난 듯이 말했다.

"동파고기를 한 접시 드시는 것이 어떻습니까? 이곳 식당에서는 모두 동파육을 제일로 칩니다. 이 요리는 맛이 기가 막히게 좋으니 제가 보장하건데 반드시 만족하실 것입니다."

조정지는 '동파'라는 두 글자를 듣자마자 바로 물었다. "이 고기를 왜 '동파육'이라고 하느냐?"

"손님께서는 그걸 모르십니까? 분명 외지에서 오신 분이로군요. 이 '동파육'은 소동파 대인께서 직접 발명하신 요리입니다. 그분은 참으로 훌륭하신 관리가 아닙니까? 백성들이 모두 그분을 믿고 따르기 때문에 그분의 이름을 따서 이 요리의 이름을……"

"됐네, 됐네. 알아들었으니 빨리 요리나 가져오게!" 종업원이 신명이 나서 설명하는 것을 들으니 조정지는 더욱 기분이 나빠졌다. 그는 혼자서 술을 마시다가 갑자기 머릿속에 계략이 하나 떠올랐다. 그는 항주에 있는 많은 식당의 식단을 모아 궁으로 돌아가서 황제에게 보여주었다.

조정지가 황제에게 말했다. "소동파는 항주에서 온갖 악정을 펼치고 있으며 백성들의 생사는 안중에도 없습니다. 제가 항주에 미복을 입고 순찰하면서 사람들의 원성이 자자한 것을 들었습니다. 모두 그에 대해 원망이 뼛속까지 사무쳐 그의 피부를 벗기고, 그의 고기를 씹어 먹고 싶어할 정도로 증오하고 있습니다. 이 식단을 한번 살펴보시지요. 이것이 바로 명백한 증거입니다!"

황제가 그 식단을 보니 식당의 크기에 관계없이 모두 첫 번째 요리가 모두 동파고기였다. 황제는 화를 참지 못하고 탁자를 치며 일어나 즉시 소동파를 광동廣東 혜주惠州로 보내도록 명을 내렸다.

장기에서 졸이 일단 강을 건너면 그 기세는 차車나 말馬도 당해내기 힘들기 때문에 절대 옆에 있는 소인에 대한 방비를 소홀히 해서는 안 된다.
소동파는 이처럼 요리 하나에 대해 소인이 터무니없이 날조하고 악의적으로 왜곡한 것 때문에 공연히 손해를 보았다.

✢

계책을 써서 쌀 가격을 내리다

당나라 헌종憲宗 때 영호초令狐楚가 연주連州태수에 임명되었다. 그가 부임했을 때 연주는 마침 심각한 가뭄을 당해 백성들이 매우 힘겨운 생활을 하고 있었고, 한 알의 곡식도 수확하지 못해 연주 백성들의 모습은 온통 처량하고도 비참했다. 말라비틀어진 벼 이삭과 구걸하는 백성들로 넘쳐나는 모습을 보며 영호초의 마음은 매우 무거웠다.

연주성에 이르러 길거리 싸전에 걸려있는 가격표를 보았는데, 값이 턱없이 비싸 가난한 백성들은 곡식을 전혀 살 수 없을 지경이었다. 알고 보니 상인들이 이 기회를 틈타 쌀과 곡식을 사재기하여 물가를 올리고 정당하지 못한 재물을 벌어들이고 있었으며, 이로 인해 연주의 백성들이 고향을 등지고 구걸하며 떠돌아다니고 있었다. 영호초는 분노를 금하지 못하며 마음속으로 '반드시 여기 백성들이 적절한 가격으로 양식을 사 먹을 수 있도록 할 것이며, 저 악덕 상인들을 엄정히 처벌할 것이다.'라고 결심했다.

관청에 가려면 아직 멀었지만 이미 여러 관리들이 얼굴에 미소를 지으며 환영을 나와 그에게 인사를 청하며 친한 척했다. 영호초는 그들에 대한 혐오감을 애써 참으며 예를 나누고는 화제를 가뭄으로 이끌며 차근차근 말했다. "지금 연주성 안에 곡식창고가 몇 개나 있고 대략 얼마의 양식이 보관되어 있느냐?"

아부하며 옆에 서 있던 한 관리가 자신이 주써 내의 업무에 대해 매우 밝다는 것을 보여주기 위해 빨리 나서며 공손히 대답했다. "창고는 모두 스무 개이고 평균 하나의 창고에 쌀 오만 석이 보관되어 있으니 걱정하실 필요가 전혀 없습니다."

그러자 영호초가 물었다. "그렇다면 곡식의 가격은 어떠하냐?"

이번에는 모두 입을 다물고 아무 말도 하지 못하면서 일시에 어색한 침묵에 빠졌다. 영호초는 이미 그들이 악덕 상인들과 결탁하여 도탄에 빠진 백성들은 아랑곳하지 않고 중간에서 폭리를 취하고 있을 것이라 짐작하고 있었다.

다시 느긋하게 물었다. "지금 가뭄으로 백성들이 고통을 받고 있다. 이 양식은 본래 백성들에게 가져온 것이니 마땅히 그들을 위해 쓰여야 할 것이다. 내일 곡식창고를 열고 최저가격으로 팔아 백성들을 구제하고자 하는데 그대들의 생각은 어떤가?"

여러 관리들은 새로 온 태수의 생각이 이미 정해진 것을 보고는 모두 고개를 끄덕이며 말했다. "대인께서는 참으로 인자하십니다. 그렇게 하면 재난을 구제할 뿐만 아니라 조정이 백성을 사랑하고 긍휼히 여긴다는 것을 널리 알릴 수 있을 것입니다. 참으로 좋은 생각이십니다!"

영호초는 즉시 수행원에게 명령을 내리고 곳곳에 방을 붙여 민심을 위로했다. 이 소식이 퍼지자 백성들은 모두 기쁨에 넘쳐 여기저기 다니며 서로에게 알려 주었지만, 재앙을 틈타 큰돈을 벌려고 했던 악덕 상인들은 오히려 걱정이 태산 같았다. 만약 양식창고가 개방되어 곡물가격이 내려가면 자신들이 산더미 같이 쌓아 둔 곡식은 전혀 팔리지 않을 것이고, 그렇다면 습기가 차서 곰팡이가 피고 썩을 수 있으니 더 큰 손해를 보는 것이 아닌가! 그들은 얼른 창고를 정리하여 자신들의 곡식을 관에서 정한 것보다 더 낮은 가격으로 처리했다. 백성들은 곡물가격이 하루가 다르게 내려가는 것을 보고는 박수치며 기뻐했다.

작은 수단으로 큰 국면을 전환시킬 수도 있다. 물론 그 수단은 악의적인 속임수가 아니어야 하며 지혜롭고 정직한 방법을 사용해야 한다. 그러면 자신이 원하는 좋은 결과를 얻을 수 있다.

처음에 영호초는 고의로 모든 곡식창고를 개방한다는 소식을 흘렸지만, 사실은 일부분의 양식만을 방출했다. 악덕 상인들은 자신들이 너무 많이 손해를 볼까 두려워 어쩔 수 없이 저렴한 가격으로 팔 수밖에 없었다.

거짓으로 어리석은 척하여 위기를 모면하다

원나라 때 관한경關漢卿이 쓴 희극 '두아원竇娥冤'이 공연되자 사람들로부터 선풍적인 인기를 끌었다. 무자비한 관리의 우둔함과 무도함, 그리고 그에 대비되는 가난한 민중의 고생과 어려움을 그렸기 때문에 백성들은 그 희극을 매우 좋아하여 입에서 입으로 전하며 내용을 외웠다. 그러나 당시 조정 사람들은 관한경이 조정을 비방하고 나라를 어지럽게 하려는 저의가 있다고 생각하여 그를 잡아들이도록 명령했으며 사방에 그의 얼굴을 그려 붙이고 수배령을 내렸다.

이 소식을 들은 관한경은 즉시 위험한 곳을 떠나 잠시 피해있기로 했다. 관한경이 급히 길을 떠나던 날 밤에 마침 야간순찰을 도는 군졸들을 만났다. 그는 바로 도망가려고 했지만, 그랬다가는 더욱 의심을 받아 오히려 체포될 수도 있겠다고 생각했다. 관한경은 마음을 가다듬고 차분히 그들을 상대하기로 했다. 군졸들은 서생의 모양을 하고 어딘지 모르게 다급해 보이는 그를 보고는 길을 막고 물었다.

"이렇게 날이 어두운데 어디로 가는 것이며, 또 뭐하는 사람이냐?" 제일 선임자인 듯 보이는 군졸 하나가 엄한 목소리로 물었다.

관한경은 눈앞의 상황에 아랑곳없이 혼잣말처럼 말했다. "서너 걸음으로 천하를 누비고, 일고여덟 사람이 천군을 통솔하네."

선임자는 그의 동문서답을 듣고는 글도 꽤 지을 줄 알고 입심도 있어 보인다고 생각했다. 그 자신도 희극을 특히 좋아하고 어느 정도 지식이 있었기에 다 알아 듣는다는 듯이 말했다. "너는 내가 못 알아 듣는다고 생각하느냐? 극을 하는 사람이 맞지? 꾸물거리지 말고 빨리 말해라!"

관한경은 움직이지 않고 계속 입에서 나오는 대로 말을 했다. "군 자소인이 되었다가 혹은 재가가인이 되었다가, 무대에 오르면 보인다. 어떤 경우 하늘을 좋아하다가 어떤 경우에는 땅을 좋아한다. 또 어떤 경우에는 깜짝 놀랄 만하다가 눈을 돌려보면 금방 텅 비어있다."

다른 포졸들은 마치 하늘의 신선이 쓴 책을 듣는 것 같아 곧장 소리 쳤다. "체포합시다! 체포해!"

선임자는 희극을 매우 좋아하여 평소에도 관한경이 지은 극을 많이 보았고, 그의 말을 가만히 듣고 보니 문득 의심이 생겨 등불을 얼굴에 가까이 비추며 자신도 모르게 소리쳤다. "내가 보기에 당신은……"

관한경은 조급해져서 하하 웃으며 급히 말꼬리를 돌렸다. "네가 보기에 나는 내가 아니고, 내가 나를 보니 나 역시 내가 아니다. 내가 누구로 꾸미면 누구와 같고, 누가 누구로 꾸미면 누가 곧 누구와 같구나."

그가 하는 말들이 선임자의 마음에 와 닿았다. 인생은 결국 한바탕 연극이 아닌가. 그는 이미 자신의 앞에 있는 사람이 바로 관한경이라고 확신했지만, 마음속으로 고민이 생겼다. '붙잡자니 차마 스스로 할 수가 없다. 관한경은 희극의 대가로 내가 좋아할 뿐 아니라 백성들도 존경하고 있어서 그를 체포하면 사람들의 원성을 두고두고 받

을 것이다. 하지만 그냥 놓아주자니 오백 냥의 상금이 결코 작은 것
도 아니고, 또한 이 직업을 잃을 수도 있다.'

옆에서 허튼소리를 지껄이던 관한경은 금방 선임자의 마음을 꿰뚫
어보고 또 다시 입에서 나오는 대로 읊조렸다. "무대 위에서는 강함
을 드러내지 마라. 설사 높은 봉록을 받는 관직이라도 과시하다보면
반드시 무너질 날이 있으니 지금 상황을 잘 따져보거라. 결국 투구와
갑옷을 버리고 나면 그저 보통사람일 뿐인 것을."

선임자가 자세히 되씹어보고는 그 속에 있는 들어있는 뜻을 깨달
았다. '지금 한때의 이익을 도모하여 얻은 공명이록功名利祿도 결국에
는 역시 헛된 것으로 돌아갈 뿐이다. 이미 좋은 결말이란 것은 없는
데 어찌하여 스스로 그렇게 되려는가?' 이렇게 생각하고는 관한경에
게 훈계하듯이 말했다. "내가 보기에 당신은 정신이 좀 돈 것 같으니
어서 집으로 돌아가라!"

말을 끝내고 손짓을 하며 부하들에게 말했다. "가자! 더 이상 세상
물정 모르는 이 케케묵은 책벌레에게 시간을 낭비하지 마라!" 군졸
들은 선임자의 말에 따라 의기양양하게 떠났고 관한경은 위험에서
벗어날 수 있었다.

옛말에 '물이 너무 맑으면 고기가 없고 사람이 너무 깨끗하면 따르는 무리가 없
다.'고 했다. 청나라의 서화가 정판교鄭板橋는 '(똑똑하면서) 어리석게 보이기는
어렵다.[難得糊塗]'는 유명한 말을 남겼는데, 여기에는 나름대로의 진리가 있다.
어떤 경우 위기의 순간에 일부러 어리석게 꾸미거나 일부러 바보인 체하는 것은
위험한 상태를 벗어나는 가장 간단한 방법이기 때문이다.

솜씨 있는 말로 꿈을 재해석하다

주원장朱元璋은 매우 어렵게 천하를 얻었지만, 천하를 얻기보다 오히려 지키기가 더욱 힘들다는 사실을 잘 알았으며 항상 황제 자리를 빼앗기지 않을까 두려워했다.

'낮에 생각하는 바가 있으면 밤에 꿈꾸는 것이니'라는 말이 있다던가. 어느 날 저녁 그는 아주 기이한 꿈을 꾸었다. 아주 단단히 묶여 있는 포로들이 좁고 낮은 감옥 안에 빽빽이 들어차 있었다. 그들은 분노의 눈으로 자신을 노려보고 있었고, 그 중 몇몇에겐 여전히 반란의 기미가 보여 매우 걱정스러워 안절부절못하는 꿈이었다. 잠이 깬 주원장은 이튿날 명령을 내려서 당장 감옥 안에 있는 포로들을 모조리 죽이도록 했다.

군사軍師였던 유백온劉伯溫은 이 소식을 듣고 깜짝 놀랐다. 이렇게 함부로 사람을 죽인다면 반드시 원한을 사게 되어 결국에는 민심을 잃게 될 것이기 때문이다. 그는 황급히 주원장을 만나 물었다. "황상께서 오늘 대규모 살생계를 내렸다고 들었습니다. 어째서 그러시는지를 모르겠습니다."

주원장은 곧 어제 꾸었던 꿈을 유백온에게 들려주고는 말했다. "속담에 '꿈에 부정적이면 길하고, 꿈에 바르면 흉하다.'고 했다. 감옥이 좁다는 것은 나의 땅이 점차 작아질 것을 의미하고, 꽁꽁 묶인 포로들이 북적인다는 것은 곧 그들이 도망친다는 걸 뜻하는 게 아니겠느냐? 그들이 탈출한다면 분명 나에 대해 적의를 품을 것이니 지금 죽여 후환을 없애는 것이 나을 것이다."

유백온은 황제가 사람을 죽이라고 명령했던 이유가 꿈 때문이라는 것을 알고는 걱정스런 마음이 조금은 풀어졌다. 물론 황제가 자신의 나라에 대해 너무 깊은 걱정을 하고 있다는 것이 근본적인 원인이기 때문에 그의 생각을 바꾸는 것이 간단하지 않다는 것을 알고 있었지만 유백온은 한 가지 좋은 방법을 생각해 내었다. 그는 기쁨과 안도의 얼굴을 하며 주원장에게 말했다. "축하드립니다. 황제 폐하! 진심으로 축하드립니다."

"그 포로들의 성난 눈이 지금도 내 머릿속에 아른거려 괴로운데 무슨 축하란 말이냐?" 주원장은 못마땅하다는 듯이 말했다.

"황제 폐하의 꿈은 크게 길하고 이로운 꿈입니다!" 유백온이 공손하게 대답했다.

"어째서 그런가? 나의 해몽이 틀렸단 말인가? 그렇다면 그대가 풀이해 보거라."

"만약 '꿈에 부정적이면 길하고, 꿈에 바르면 흉하다.'고 한다면, 감옥에 빽빽이 갇혀있는 죄수들은 바로 평안히 살면서 즐겁게 일하며 폐하께 충성을 다하는 백성들을 나타냅니다. 그 좁고도 작은 감옥은 바로 폐하의 땅이 점점 넓어져서 앞으로 매우 커진다는 것을 암시하고 있습니다. 포로들이 단단히 묶여 있다는 것은 아직 따르지 않고 있는 민족들이 반드시 폐하께 귀순한다는 것을 의미합니다. 이 꿈은 참으로 길한 것이니 황제 폐하께서는 전혀 걱정하실 필요가 없습니다."

주원장은 이 말을 듣고는 크게 기뻐하며 금방 내렸던 명을 거두었
다.

순발력 있게 말을 하는 것은 매우 중요하다. 적절하게 때에 맞추어 하는 말은 중
요한 순간에 화를 면하게 한다.
유백온의 말은 모두가 이치에 맞고 한 마디의 실수도 없었기에 많은 사람들을
죽음으로부터 구할 수 있었다.

✢

대구對句를 지어 인연을 맺다

명나라 때 안휘지역에 정민정鄭敏政이라는 신동神童이 있었다. 그는
어려서부터 총명함과 탁월함이 남달랐으며, 특히 글 짓는 솜씨가 뛰
어나 그 지역에서는 대적할 만한 사람이 없었다. 열 살 때 벌써 멀리
까지 명성이 자자하여 사람들이 찾아와 그와 지혜를 겨루었지만, 모
두들 그의 재주에 승복하고 찬탄을 아끼지 않았다.

당시 사람들은 신동이 태어난 것을 나라와 종묘사직의 복이라고
생각했다. 안휘의 순무巡撫(임시로 지방에 파견하여 민정과 군정을 순시하던 대
신—옮긴이) 는 자신이 관할하는 지역에서 신동이 나왔다는 것을 알고
는 즉시 조정에다 알렸고, 얼마 후 정민정은 한림원翰林院에 가서 공
부할 수 있는 기회를 얻었으며, '소년대학사少年大學士' 라는 칭호를 얻

었다. 정민정은 추천과 시험을 거쳐 황제의 인정을 받아 일개 서생에서 곧바로 높은 자리에 오르게 되었으며, 이 소식은 금방 전국으로 퍼져나가 정민정을 모르는 사람이 없었다.

대학사 이현李賢은 정민정이 재주가 넘치며 인물 또한 수려하고 사람됨이 바른 것을 보고는 마음속으로 그를 매우 좋아했으며, 앞으로 반드시 크게 쓰일 날이 있을 것이라 생각하고 그와 인연을 맺으려 했다.

이현의 슬하에 영아鶯兒라는 딸이 한 명 있었는데, 좋은 집안에서 태어나 어려서부터 글을 배워 여러 가지 시서詩書와 음악에도 정통했으며 재주가 상당히 많았다. 뿐만 아니라 용모가 단정하고 수려하며, 성격도 밝았고 매우 영리했다. 이현은 금지옥엽으로 여기던 딸에게 훌륭한 낭군을 찾아주려고 여러 차례 시도를 했으나 자신의 마음에 드는 사람을 찾을 수가 없었다.

어느 날 특별히 정민정을 집으로 초대했고 주방에 분부하여 소초우편素炒藕片이라는 요리를 만들도록 했다. 술이 몇 차례 오고간 뒤 이현이 말했다. "자네의 재주가 뛰어나다는 말은 일찍부터 듣고 있었네. 특히 대구對句를 잘 짓는다고 하니 오늘 이 자리에서 대구를 지어 여흥을 돋구어봄이 어떠한가?"

다른 손님들도 모두 정민정의 재능을 보고 싶어서 재촉을 했다.

"내가 먼저 짓도록 하겠네." 이현은 신바람이 나서 그가 사용하던 젓가락으로 식탁 위에 있는 연근 조각을 가리키며 한 구절을 읊었다. "연꽃으로 인하여 연뿌리를 얻었느냐?[因荷(何)而得藕(偶)]"(속뜻은 '어디에서 짝을 얻으려는가?'이다—옮긴이)

표면적으로 이 시구詩句에서 말하는 것은 연꽃이 있어서 연뿌리가 자라났다는 말이지만, 실제로는 속뜻을 감추고 그 반응을 보고자 한 것이다. 그 의도는 첫째로 정민정이 이 구절의 참뜻을 알아차리는가에 있고 둘째는 정민정이 이 혼인에 마음이 있는가를 살펴보고자 하는 것이다.

정민정은 대학사의 질문이 뜬금없이 보이기는 했지만 그 속에는 반드시 깊은 뜻이 있다고 생각했으며, 곧 그의 뜻을 알아차릴 수 있었다. 정민정은 자신이 재주와 총명함을 갖고 있지만 출신이 미천하다는 것을 잘 알고 있었기에 일찍부터 든든한 후원자를 찾고 있었지만, 줄곧 기회를 갖지 못했다. 또한 영아의 얼굴을 본 적이 있고 그녀의 재주에 대해서도 들은 바가 있어 마음속으로 흠모한지 오래되었지만, 사귈 기회가 있으리라고는 기대하지 못했다. 지금 대학사가 먼저 그에게 의향을 물어오니 이처럼 좋은 기회를 놓칠 수가 없었다. 그는 약간 생각하고서는 식탁 위의 접시 안에 가득 담겨있는 신선한 살구를 가리키며 대답했다. "살구가 있으니 매실은 필요 없습니다.[有杏不須梅]"(이 구절은 [有幸不須媒]와 쌍관雙關되어 '다행히도 중매쟁이가 필요 없겠습니다.'라는 대답이 된다. 즉 당신이 딸을 주신다면 중매 없이 혼인할 수 있다는 의미가 된다―옮긴이)

이현도 보통사람은 아니라서 그 시구의 뜻은 정민정 자신에게 오히려 더 큰 행운이라고 말한 것임을 바로 알아챘다. 그리하여 매파도 쓰지 않고 혼인이 성사되었고, 이현은 안심하고 영아를 정민정에게 시집보냈다.

기회는 지혜로운 사람을 편애한다. 재능과 지혜가 있어야만 기회가 왔을 때 잡을 수 있다. 그러나 아무런 장점도 없이 자만심만 갖고 있다면 기회가 있어도 잡지 못하며 성공은 더욱 멀어진다.

돈을 빌려 강도를 잡은 현령

명나라 장굴래張崛崍가 현령으로 근무할 때, 그가 관할하던 현에 한 사건이 발생했다. 초장草場(풀을 베어서 쓰는 빈 땅—옮긴이)의 관리를 책임지는 경수조耿隨朝라는 자가 놀음에 빠져 직무를 소홀히 하다가 초장에 큰 불이 난 것이다. 조정에서는 그를 하옥시키고 처분을 기다리라는 명을 내렸다.

하루는 금의위사자錦衣衛使者 복장을 한 두 사람이 장굴래를 찾아와 턱으로 지시하는 등 허세를 부리며 말했다. "우리는 조정의 명을 받아 앞으로 경수조 사건을 처리할 것이다."

장굴래는 두 사람의 기세를 보고 그들의 신분에 대해 조금도 의심하지 않았지만, 사실 그 두 사람은 천하에 악명을 떨치고 다니는 도적들인 임경任敬과 고장高章이었다. 현령이 주의를 기울이지 않는 틈을 타서 임경은 그의 손을 비틀고 고장은 허리를 붙들고는 안으로 데리고 들어가 위협했다.

장굴래는 너무 순식간에 당한 일에 매우 놀라 어리둥절하여 어찌

할 바를 몰랐다. 힐끗 쳐다보니 임경이 수염을 쓰다듬으며 냉소를 보내고 있었다. "실례를 범하게 되었소이다. 나리! 우리는 무슨 사자니 하는 벼슬아치가 아니고 좋게 말하자면 길거리의 친구, 좀 듣기 싫게 말하자면 강호의 도적입니다. 요즘 사는 게 워낙 힘들어서 이런 일을 벌이게 됐소이다. 듣자하니 창고에 금이 헤아릴 수 없이 많다고 하던데 우리가 잠시만 좀 빌립시다." 고장은 섬뜩하게 번뜩이는 비수를 꺼내더니 현령의 목에 들이댔다.

현령은 그때서야 앞뒤 상황을 분명히 알게 되었고, 이 도적들에게 제대로 대처하지 못한다면 아마도 자신의 머리조차 보존하기 힘들 것이란 생각이 들었다. 그는 심호흡을 하고 최대한 평상심을 되찾으려고 노력하며 말했다. "그대들은 돈이 필요한 것이지 내 목숨이 필요한 것은 아니지 않는가? 나도 재물 때문에 목숨을 버리기는 싫네. 좀 더 냉정하게 생각하는 것이 어떤가. 만약 일이 더 커진다면 오히려 그대들에게 불리할 것이야!"

두 사람은 서로를 쳐다보며 선뜻 대답을 하지 못했다. 현령은 그런 모습을 보고는 계속 이야기했다. "비록 현의 창고에는 금이 많지만 관리가 매우 엄격하다네. 일단 사람들에게 발각되면 그대들도 위험하고, 나 역시 관직에서 물러나야 할지도 모르네. 내 생각에는 이렇게 하는 것이 좋을 듯싶은데…… 내 명의로 부유한 친구들에게 돈을 빌리는 것이 어떻겠나?"

두 강도가 따져보니 일리가 있었고 현령도 감히 무슨 수작을 부리지는 못할 것이라고 생각했다. 그들은 서로 눈빛을 교환하고는 바로 그렇게 하자고 했다. 그러나 여전히 사나운 목소리와 표정을 지으며 협박했다. "네가 만약 우리를 속인다면 이 비수가 가만히 있지 않을 것이야!"

현령은 알았다는 듯 고개를 끄덕이고 즉시 부하인 유상劉相을 불러 말했다. "이 두 분은 금의위사자로 내가 실수로 조정대신에게 죄를 지어 나를 잡아가려고 왔지만, 다행히 아주 어질고 정의로워서 나를 놓아주려 한다. 나는 너무 감격하여 이분들에게 재물을 좀 선물하려고 하니 네가 가서 황금 천 냥을 빌려오너라."

유상은 그 말을 듣자 조급하게 물었다. "나리께서는 제가 어디로 가서 당장 그렇게 많은 돈을 모아오라고 하십니까?"

현령이 말했다. "내 이미 생각해 놓았다. 지금부터 내가 말하는 아홉 명을 찾아가거라. 그들은 모두 나와 친하고 집안도 매우 부유하니 그 금액을 충분히 빌릴 수 있을 것이다."

그는 아홉 사람의 이름을 적어주었다. 유상이 그 명단을 살펴보니 어디에도 부잣집 친구는 없었고 모두가 무사들이었다. 그는 대번에 어떻게 된 일이지를 눈치 챘으며 그 자리를 벗어나자 즉시 일을 처리했다. 잠시 뒤 아홉 명의 사람이 좋은 옷을 입고 손에는 쟁반을 들고 부유한 티를 내면서 줄줄이 들어왔다.

"그대가 원하는 금을 우리가 가져왔으니 한번 살펴보시오." 아홉 명의 사람들이 말했다.

그들 모두의 행동거지가 고상하고 대범한 것을 보고 두 강도는 전혀 의심하지 않았으며, 단지 눈앞의 금이 곧 자신들의 수중에 들어올 것을 기뻐하여 황급히 쟁반의 황금을 살펴보러 갔다. 아홉 명의 무사들은 이 기회를 놓치지 않고 숨겨 두었던 무기를 들어 강도 한 명을

잡았고, 다른 한 명은 일이 틀어진 것을 보고는 비수를 들어 자살하고
말았다.

갑작스런 일을 당하면 침착하고 진중해야 하며, 또한 용감해야 한다. 위험을 만
나면 다급한 중에도 지혜를 짜낼 만큼 냉정해야 하고, 또한 목소리나 안색의 변
화가 없어야 그 위험에서 빠져나올 수 있다.
상황이 급할 때 임기응변의 재치가 나오는데 이는 평소의 경험이나 지식을 바탕
으로 하는 것이다. 평소에 지식과 지혜를 길러 놓은 사람만이 다급할 때 용기 있
는 임기응변의 재치를 부릴 수 있다.

⚜

장사하는 도리

절강 은현鄞縣에 정鄭씨 성을 가진 유명한 부자가 살고 있었다. 매번
다른 사람이 돈을 버는 비결에 대해 물으면 그는 웃으면서 말했다.
"특별한 기교는 없고, 단지 열심히 일해야 한다는 것과 더불어 나는
기회를 잡는 방법에 대해 좀 더 많이 알고 있습니다. 그리고 시대의
변화나 일이 되어나가는 상황을 보면서 거기에 맞는 조치를 취했을
뿐입니다."

정 부자는 젊었을 때 가게 점원으로 일하면서 담뱃잎을 건조하는
일을 도왔다. 주인은 그가 부지런하고 배우는 것을 좋아하며, 성실하

게 일하는 것을 보고서 늘 칭찬을 아끼지 않았으며, 그가 믿을 만한 사람이라고 생각하고는 외동딸을 그와 혼인시켰다.

그래서 정 부자는 순식간에 점원에서 주인의 사위가 되었고 장인은 더욱 그를 신뢰하여 가게를 모두 그에게 맡겨 경영하도록 했다. 이것이 그 인생의 첫 번째 전환점이었다. 이후 그는 장인에게서 장사의 기교를 배우고 남북을 오가면서 풍부한 경험을 쌓아 능력 있는 상인이 되었다.

한번은 정 부자와 동업자들이 함께 담배 산지로 가서 담뱃잎을 사게 되었다. 담배를 재배하는 농민들은 이미 수확하여 산더미처럼 쌓인 담뱃잎에 습기로 인해 곰팡이가 피지는 않을까 걱정하여 매번 급하게 팔아치워야 했다. 경험이 많은 담배상인들은 이런 상황을 이용하여 항상 구입 시기를 늦추었으며, 농민들이 심리적으로 불안하여 담뱃잎을 싼 가격으로 내놓을 때까지 기다렸다. 이번에도 동업자들은 이전과 마찬가지로 배에서 내린 후 느긋하게 극장이나 술집을 찾아 오락을 즐기며 고의로 시간을 지연시켰다.

정 부자도 처음에는 그들과 함께 있었지만 점차 마음에 동요가 일어났다. 가만히 생각하니 시간을 끌다가 담뱃잎을 구입하면 가격이 많이 싸지기는 하지만, 결국 그때 모든 상인들이 몰리므로 동업자들 간의 경쟁이 너무 치열했다. 그래서 여유 있게 즐기고 있는 동업자 무리에서 빠져나와 혼자 담배산지를 여러 차례 둘러보았다. 그는 농민들이 걱정스러운 얼굴을 하며 상인들이 언제 시장을 열어 담뱃잎을 사들일지 서로 묻는 모습을 보았다. 정 부자가 상인이라는 것을 알아챈 농민들은 그를 공손히 모시고 산더미처럼 쌓여있는 담뱃잎

더미로 가서는 서로 자신의 것을 구매해 달라고 부탁했다.

정 부자는 속으로 몰래 기뻐했다. 농민들이 그에게 시장이 언제 열릴 것인가를 묻자 정 부자는 탄식하며 말했다. "요즘은 담배장사가 정말 어렵습니다. 게다가 담뱃잎은 오랫동안 보관할 수도 없고 관리를 조금만 소홀히 해도 금방 변질됩니다. 그래서 많은 상인들이 직업을 바꾸었습니다." 그는 또 불쌍한 모습을 하며 말했다. "저는 머리가 나빠 다른 일은 배울 수도 없고 이제 와서 직업을 바꾼다면 굶어 죽을지도 모릅니다. 배운 게 이것뿐이라 억지로 장사를 꾸려나가고 있습니다."

농민들은 그가 말하는 것을 듣고는 측은한 마음이 생겨 모두들 자신이 가진 가장 좋은 담뱃잎을 내놓았으며, 그가 자기 것은 사주지 않으면 어쩌나 걱정했다. 정 부자는 이 지역에서 나는 가장 우수한 담뱃잎을 저렴한 가격에 거의 모두 수중에 넣을 수 있는 기회를 놓치지 않았다.

며칠을 즐겁게 보낸 동업자들은 뒤늦게 담뱃잎 산지로 가서 구매하려고 했지만, 그들에게 남은 것은 하나같이 모두 하품下品이었다. 그 이유를 묻자 이미 정 부자가 상품上品을 모조리 사들였다는 대답이 돌아왔다. 기회를 빼앗긴 그들은 노발대발했지만 이미 엎질러진 물이었다. 장사를 계속 해야 하는 상인들은 어쩔 수 없이 정 부자에게서 비싼 값에 담뱃잎을 사야했다. 정 부자는 그 차액으로 많은 돈을 벌어 들였다. 동업자들은 돈 버는데 너무 모진 그가 밉기도 했고, 기회를 놓치지 않는 뛰어난 지모智謀가 부럽기도 했다. 그들은 멀쩡히 뜬 눈으로 자신들의 돈이 그의 주머니로 들어가는 것을 봐야만 했다.

그 뒤로도 정 부자는 매번 돈을 벌 수 있는 기회를 정확히 포착하여 다른 사람을 압도했다. 그는 항상 먼저 움직이고 선점하여 모든 동업자들보다 앞서서, 결국 그 지역의 모든 담뱃잎 시장을 자기 수중에 넣게 되었고 마음대로 가격을 조절하게 되었다. 이렇게 몇 년의 짧은 시간 안에 그는 보잘 것 없는 점원에서 그 지역에서 손꼽히는 부자가 되었다.

모든 사람에게는 평생 많은 기회가 주어지며 성공의 가능성은 모두에게 열려있다. 그러나 결과는 천차만별로 어떤 사람은 성공을 거두지만 어떤 사람은 줄곧 실패의 그늘에서 벗어나지 못한다. 왜 그런가? 성공하는 사람은 기회를 잡았고 실패하는 사람은 기회를 놓쳤기 때문이다. 중요한 것은 기회가 왔을 때 어떻게 이용할지를 아는 것이다.

⚜

연극으로 헌종憲宗에게 간언하다

명나라 헌종憲宗 때 궁중에서 공연을 하는 아축阿丑이라는 어린 태감太監(내시를 일컬음. 명, 청 대에는 내시 중 우두머리를 뜻하기도 했다—옮긴이)이 있었다. 그는 재치가 있고 머리가 총명하여 항상 연극을 보는 황족들을 배꼽 잡고 웃게 했으며, 또한 천성이 강직하여 악한 것을 원수 보듯 미워했다.

우매하고 무도했던 헌종은 윗사람을 기만하고 아랫사람을 무시하는 태감 왕직汪直을 매우 신임하여 서창西廠의 총관總管으로 임명했다. 왕직은 권력을 잡은 후 밤낮으로 백성들의 동향을 정탐하여 항상 이치에 맞지 않는 말로 우겨서 죄를 뒤집어 씌웠다. 그에게 피해를 입고 감옥에 갇혀 있는 사람이 헤아릴 수 없었고 순식간에 백성들의 원성이 들끓었지만, 조정의 여러 대신들은 감히 입을 열지 못했다.

황제는 왕직이 자신에 대해 충성을 아끼지 않다고 생각하여 적극적으로 중용했으며 왕직에게 아첨하는 좌도어사左都御史 왕월王越과 요동순무遼東巡撫 진월陳鉞 또한 총애했다. 이 두 벼슬아치는 왕직의 권세를 등에 업고 제멋대로 횡포를 부리며 국정을 어지럽혔고, 그들과 의견이 다른 많은 대신들을 무시했으며, 수단과 방법을 가리지 않고 정직하고 충성스런 신하들을 해쳤다. 이 세 사람 때문에 위로는 조정의 관원들, 아래로는 일반 백성들까지 모두 두려워하며 나라가 온통 혼란에 빠졌다.

나라를 걱정하는 많은 정직한 대신들이 한마음으로 헌종에게 상소를 올려 왕직 등 세 사람의 전횡을 아뢰고 그들의 권세가 지나쳐 그 위험과 원한이 매우 심각하다는 것을 간했지만, 황제는 이를 들으려 하지 않고 오히려 다른 대신들이 자신에게 충성을 다하는 신하들을 질투하여 비방한다고 생각했다. 간언하러 오는 대신이 있으면 일부러 만나주지 않거나 언성을 높여 질책했다.

아축은 이미 오래전부터 왕직 등에 대해 마음속으로 불만을 갖고 있었지만 여러 대신들이 직언을 해도 오히려 거절당하는 것을 많이 보았기 때문에 완곡하게 헌종에게 간언할 방법을 생각하고는 전심전력을 다해 연극을 만들어 황제가 관람하러 오기만을 기다렸다.

대신들이 계속 상소를 올려 왕직 등을 탄핵하자 마음이 심란했던 현종은 이를 털어내기 위해 아축의 공연을 보러왔다. 아축은 기뻐하며 첫 번째 연극을 공연했다. 눈 깜짝할 사이에 그는 태감에서 술주정꾼으로 변신하여 뒤뚱거리며 사방에 부딪치고 하늘과 땅을 가리키며 욕을 했고, 그때 지나가는 행인 역을 맡은 또 다른 배우가 무대에 올라왔다. 행인이 황급히 앞으로 나와 술주정꾼을 부축하며 말했다. "높은 관리가 도착했는데 아직도 술에 취해 비틀거리고 있다니 너무 불손하구만!"

술주정꾼은 듣는 둥 마는 둥하며 여전히 멋대로 행동하자 행인이 다시 말했다. "황제의 수레가 왔소! 우리 빨리 길을 비켜줍시다!" 술주정꾼은 여전히 욕을 멈추지 않고 상대도 하지 않았다. 하지만 행인이 "궁중의 왕 대인이 왔다!"라고 말하자 술주정꾼은 갑자기 당황해서 어쩔 줄 몰라 했다. 마치 술이 확 깬 듯이 긴장하며 사방을 둘러보자 행인이 이상하여 물었다. "당신은 높은 관리도, 심지어 황제도 무서워하지 않으면서 어찌 왕 태감을 무서워한단 말이요?" 술주정꾼은 황급히 그 사람의 입을 막으며 낮은 목소리로 말했다. "조용히 하시오! 왕 태감이 얼마나 무서운 사람인지 모르오? 나는 그가 제일 두렵소!" 현종은 여기가지 보고서는 미간을 찡그리며 약간 생각을 하다가 바로 자리를 떠났다.

다음날 황제는 다시 아축의 공연을 보러왔으며 아축은 자신의 계획에 따라 준비한 두 번째 연극을 무대에 올렸다.

이번에는 뜻밖에도 아축이 서창 총관의 관복을 입고서 직접 왕직으로 분장했다. 그는 오만하게 머리를 쳐들고 가슴을 펴고는 좌우에 각각 날카로운 도끼를 들었다. 그런 차림으로 길을 걸어가는데, 모습이 마치 방게와 같고 사방에 도끼를 휘두르며 제멋대로 행동을 하자 지나가던 행인이 물었다. "길을 가는 데도 여전히 양 손에 도끼를 들고 있으니 무슨 용도가 있는지 모르겠소." 왕직은 일고의 가치도 없다는 표정으로 말했다. "너는 어찌 월鉞(장수가 출정할 때 임금이 자신과 같은 권위를 지니고 있음을 나타내려고 주던 도끼 모양의 의장—옮긴이)도 모르느냐! 이것이 어디 도끼냐, 분명히 월이다!" 행인이 또 물었다. "그럼 월이라 치고, 당신이 왜 월을 갖고 있습니까?" 왕직은 의기양양하게 웃으며 말했다. "내가 오늘날 이렇게 마음껏 행동하는 것은 모두 이 두 개의 월을 믿고 하는 것이다. 이것은 보통 월과는 다르지!" 행인이 궁금해서 물었다. "뭐가 특별한지 잘 모르겠는데, 그 월의 이름이 뭐요?" 왕직은 크게 웃으며 말했다. "당신은 참으로 보고 들은 것이 없군. 왕월과 진월도 모른단 말인가!"

헌종은 이 말을 듣고는 크게 웃었으며, 마음속으로는 '나도 참으로 보고 들은 것이 없구나!'라고 생각했다. 공연을 본 후에 헌종은 즉시 칙서를 내려 왕직과 왕월, 진월의 관직을 박탈하고 멀리 귀향을 보냈다.

일은 급하게 이룰 수 없으며, 반드시 기교가 있어야 한다.

아축은 단지 광대로, 황제 앞에서 말할 수 있는 권력이나 기회를 전혀 갖고 있지 못했지만, 정의감이 충만한 그는 연극무대를 빌려 재치 있게 다른 사람들이 감히 하지 못하는 말을 했고 결국에는 간신을 없앴다.

마음을 편하게 하여 몸을 치료하다

섭천사葉天士는 명나라 말부터 청나라 초기까지 활동했던 유명한 명의名醫로 의술이 뛰어나기도 했지만 한편으로 매우 기이하기도 했다.

하루는 치료를 받으러 온 환자가 두 눈이 붓고 붉게 충혈 되어 쉬지 않고 눈물을 흘렸으며, 꽤 멀리서도 그가 끙끙거리며 앓는 소리를 들을 수 있었다. 문을 들어서자마자 섭천사 앞에서 애걸하며 소리쳤다. "제 눈이 곧 멀 것 같습니다. 제발 살려주십시오!"

섭천사가 자세히 진찰하고 병의 경과를 물어보고는 말했다. "내가 보기에 당신의 눈병은 약 몇 첩만 먹으면 금방 치료될 것 같소. 하지만 눈병이 낫더라도 7일이 지나면 발바닥에 악창惡瘡이 생겨 오히려 그것이 생명을 위협할 것이오."

환자가 그 말을 듣고는 너무 놀라 얼굴이 사색으로 변하고 거의 쓰러질 뻔했다. 부들부들 떨며 병을 치료해 달라고 애걸하자, 섭천사가 그에게 말했다. "아직 방법이 있으니 그렇게 조급해 할 필요는 없소. 내가 말하는 대로 하면 무사히 목숨을 보존할 수 있을 것이오."

환자는 바로 대답했다. "무슨 방법입니까? 무슨 일이든 시키는 대로 하겠습니다!"

"매일 잠자기 전과 새벽에 일어난 후에 손으로 두 발바닥을 각각 360번씩 문지르시오. 한 번이라도 많거나 적어서는 안 되오. 그렇게 7일을 계속하면 발바닥의 종기는 생기지 않을 것이오."

그 환자는 섭천사의 말을 마음에 새기고 집으로 돌아와서는 발바닥 문지르는 일을 한 번도 어기지 않고 정성껏 했다. 7일이 지나자 과연 눈의 부기는 점점 사라졌고 눈동자의 핏줄도 없어졌다. 또한 발바닥에 악창은 전혀 생기지 않고 깨끗했으며 오히려 정신이 맑아지고 상쾌해져서 마음속으로 섭천사가 진정 명성에 걸맞은 명의라고 생각했다.

환자는 후한 예물을 준비하여 섭천사에게 인사하러 갔다. "목숨을 구해주신 은혜에 감사를 드립니다. 그런데 이 눈병과 발바닥은 도대체 무슨 관계가 있는지 모르겠습니다."

섭천사는 웃으며 말했다. "나는 단지 마음의 병을 치료한 것뿐이오. 내 기억으로는 당신이 막 찾아왔을 때 스스로 걱정이 많아서 맹인이 되지 않을까 안절부절못하고 있었소. 그래서 나는 당신의 마음속에는 의심과 근심이 많다는 것을 알았소. 사실 당신의 눈병은 몸안에 열이 심해서 생긴 것으로 근심이 많으면 더 악화되고, 걱정을 털어내면 금방 나을 수 있는 병이었소. 그러나 의심이라는 마음의 병이 심해서 내가 아무리 가벼운 병이라고 해도 당신의 눈에 대한 근심을 멈추게 할 수는 없어보였기에, 생명에 위험을 줄 수 있는 악창이 있다고 말한 것이오. 그러면 당신은 자연히 눈의 통증에 신경을 쓰지 않게 될 것이고, 또한 발바닥을 문지르면 열을 내리고 정신을 안정시키며 신장을 도와 몸을 튼튼하게 할 수 있으니 일석이조가 아니겠소? 악창은 물론 거짓말로 당신의 주의를 다른 데로 돌리기 위한 것이었지만, 그로 인해 눈병은 자연히 낫게 된 것이오."

섭천사의 사례가 우리에게 말하고자 하는 바는 다음과 같다. 많은 일들은 대개 사람들이 스스로 놀라고 소란을 떨기 때문에 생긴다. 만약 스스로의 의심스러운 마음을 평안히 할 수 있다면 일은 자연스럽게 해결될 것이다.

현대사회는 치열한 경쟁과 복잡한 인간관계로 인해 각종 스트레스가 끊임없이 생기고, 개인은 사회라는 큰 용광로 속에서 점점 무력해지며 개성을 잃어간다. 또한 수많은 유혹들이 사람의 눈을 현혹한다. 이 모든 것을 자신만의 뚜렷한 주관을 갖고 직시하며, 마음의 평화와 안정을 유지하는 것이 중요하다. 그렇지 않고 외부의 자극에 주관 없이 휘둘리다 보면 마음속의 번뇌와 망설임으로 스스로 어찌할 바를 모르게 된다.

✤

현판을 숨기고 신하를 훈계하다

청나라 강희제康熙帝 시절은 태평성대였다. 이 시기의 번영은 강희제가 천하를 적절히 다스려서 이룩한 것이지만, 그 말년에는 오히려 나라가 쇠퇴일로를 걷게 된다. 그 이유 중 하나는 병으로 인해 국정을 잘 돌보지 못했기 때문이었고, 또 하나는 황태자를 세우는 문제로 조정이 혼란에 빠졌기 때문이다. 따라서 강희제의 통치 말년에 관원들은 점점 직무를 소홀히 하고, 적당히 대충 일하고 나태하며, 횡령과 수뢰가 판을 치게 되었다. 각종 부패로 난장판이 된 관리사회는 이후 옹정제雍正帝 초년까지 고쳐지지 않았다.

옹정제는 황제의 자리에 오른 후에 조정대신들이 직무에 소홀하고 소극적이며 나태하게 일하는 풍토를 고치기로 마음먹었지만, 이러한 분위기가 이미 오랜 시간 동안 계속되었기 때문에 철저히 척결하는 것이 결코 쉬운 일이 아니라는 것을 잘 알고 있었다. 그러므로 관료들에게 좋은 말로만 이야기해서는 별다른 효과를 거두지 못할 것이라고 생각했다.

옹정제는 고민 끝에 일벌백계—罰百戒하는 것이 가장 효과적이며 다른 관료들에게도 경각심을 줄 수 있을 것이라 생각했지만, 어디서 그 대상을 찾을지 몰라 고심하다가 한 가지 계책을 생각해 냈다.

하루는 사람을 시켜 모두 주의를 기울이지 않는 사이에 형부刑部 대문의 현판을 몰래 가져와 병풍 뒤에 숨기도록 했다. 그런 후 황제는 느긋하게 기다리며 형부에서 어떤 반응이 있는가를 살폈다.

하루가 지나도록 형부에서는 아무런 조짐이 없었다.

이틀이 지났음에도 형부에서는 여전히 아무런 반응이 없었다.

칠 일이 지나자 옹정제는 더 이상 화를 참지 못하고 형부의 관원들을 불렀는데, 그들을 보자마자 갑자기 물었다.

"그대들이 맡고 있는 관아 문밖의 큰 현판은 아직 잘 있느냐?"

관원은 황제의 의도를 모른 채, 별 생각 없이 공손하게 대답했다. "예, 그렇습니다."

그들이 고개를 들었을 때 황제의 안색이 변한 것을 보고는 자신들이 뭔가 대답을 잘못했다고 느꼈고, 다시 황급히 아뢰었다. "당연히 잘 걸려 있습니다!" 그 외에는 더 이상 말할 것이 없었다.

황제가 근처에 있는 시종들에게 손짓을 하자 그들은 곧 형부 대문

밖에 걸려 있던 현판을 병풍 뒤에서 들고 나왔다. 형부의 관원들은 그것을 보자 놀라 몸을 떨었으며 얼굴은 사색이 되었고, 어찌된 영문인지 짐작도 하지 못했다.

웅정제는 대전 중앙에 놓인 현판을 가리키며 화난 목소리로 말했다. "이 현판이 여기에 있은 지 이미 7일이나 되었는데 너희들 중에 아무도 몰랐단 말이냐! 이렇게 큰 일이 있어도 그대들은 전혀 주의를 기울이지 않으니 평소에는 얼마나 많은 일들을 소홀히 하겠느냐! 한 부서를 책임진 자들이 이처럼 직무를 소홀히 하면 어떻게 아랫사람들이 성실히 공무에 임하도록 이끌어 나갈 수 있겠느냐!"

황제가 크게 화를 내자 관료들은 다리가 풀릴 정도로 놀라 연신 고개를 숙이며 용서를 청했다. 그들은 황제 앞에서 이전의 잘못을 고치고 관리들을 잘 이끌어 업무를 효율적으로 처리하겠다고 맹세했다.

웅정은 다른 부서에 대해서는 아무런 말도 하지 않았지만, 이 일이 알려진 후로는 조정에서 업무에 태만하던 풍토는 금방 사라졌다.

한 사람을 벌해 다른 사람들이 경계하도록 하는 것은 예로부터 지도자들이 즐겨 쓰던 책략이다. 왜 그런가? 일일이 하나씩 죄를 찾아내 문책하는 것과 비교하면 한 사람을 벌하는 것이 영향력이 더욱 크며, 시간과 노력을 훨씬 절약할 수 있기 때문이다.

✚

관아의 주구走狗

정판교鄭板橋는 청나라 건륭제乾隆帝 때 '양주팔괴楊州八怪'(청나라 중기 양주에서 활약하며 전통적 화법에 얽매이지 않고 독창적이며 개성적인 화풍을 일궈낸 8명의 화가를 일컬음—옮긴이) 중 한 사람으로 관리사회에 염증을 느껴 의연하게 벼슬을 버리고 고향으로 돌아와 세상과 다툼 없는 생활을 하며 지냈다.

고향에 돌아오자마자 그의 글과 그림을 얻으려고 찾아오는 사람들이 끊이지 않았고, 모두들 그의 작품을 얻어 집안의 가보로 삼고자 했다. 정판교는 본래 백성들에 대해 어진 마음을 갖고 있었기에 가능하면 그들의 요구를 들어주고자 했지만, 부자이면서 어질지 못한 사람들은 거들떠보지도 않았다.

하루는 그 지방 송사訟師(오늘날의 변호사나 소송대리인을 가리킨다—옮긴이)가 사람을 보내 정판교에게 새로 짓고 있는 자신의 집 대문 위에 걸어놓을 제자題字를 부탁하자, 정판교가 집안의 하인에게 물었다. "그 사람은 어떤 사람인가?" 하인이 대답했다. "그 사람은 줄곧 관아와 결탁하여 소송을 도맡고, 돈 벌 기회만을 엿보는 사람입니다. 윗사람을 속이고 아랫사람을 기만하는 온갖 수작을 다 부립니다. 지금 공사 중인 큰 집은 그가 부정不正하게 모은 재산으로 짓는 것으로, 아마 그곳에서 말년을 보낼 생각인 것 같습니다."

정판교는 탁자를 치며 일어나 분개하며 말했다. "탐관오리들을 위

215

해 일하는 관의 앞잡이[走狗]로구나! 그것을 부끄럽게 여기지 않고 오히려 영광스럽게 생각하고 있으니, 나는 절대 써 줄 수 없다!"

사람이 몇 번이고 찾아와 부탁을 했으나 정판교는 단호하게 거절했다. 그럼에도 계속해서 청탁하자 결국 귀찮은 마음에 써주겠다고 약속하고는, 시간을 정해 송사가 직접 와서 가져가도록 했다.

약속한 날이 되자 송사는 기쁜 마음으로 윤필료潤筆料(남에게 서화나 문장을 써 달라고 부탁할 때에 주는 사례금—옮긴이)와 선물 한 꾸러미를 들고 찾아왔다. 정판교는 탐탁지 않았으나 이미 자신이 약속을 했으므로 그를 손님의 예로 맞이했다. 인사말을 나눈 뒤, 정판교는 이미 써 놓은 현판을 꺼내와 그에게 주었다.

그 송사가 보니 '아문기경雅聞起敬'(고상하다는 말을 들으니 경외하는 마음이 생긴다는 뜻—옮긴이)이라는 네 글자였다. 그는 명성이 높은 정판교가 뜻밖에 자신의 새집에 존경하는 마음이 생겼다고 하니 놀라운 마음을 금할 수 없었다. 다시 천천히 살펴보니 네 글자는 자연스럽고도 우아하여 새집의 대문 위에 걸어 놓으면 많은 사람들이 감탄을 금하지 못할 것 같았다. 그는 감사의 인사를 하고는 현판을 안고 급히 집으로 돌아왔다.

이후 그 현판은 송사의 대문에 높이 걸렸으며 집 앞을 지나가는 사람이 있으면 그는 현판을 가리키며 자랑했다. "이게 바로 정판교의 글로 우리 새집의 완공을 축하하기 위해 쓴 것이네!" 이 소식은 점점 퍼져나가 그 지방 사람들이 모두 이 일을 알게 되었지만, 사람들은 고결한 인품을 지닌 정판교가 그런 자와 친분이 있다는 사실을 믿지 않았다. 그리고 직접 눈으로 사실을 확인하기 위해 모두 송사의 집 앞으로 달려가 그 현판을 구경했다.

멀리서 보자 현판에는 '아문주구牙門走苟'(즉 '아문주구衙門走狗'를 나타내며 관아의 주구라는 뜻—옮긴이)라는 네 글자가 눈에 들어왔으며, 사람들은 웃음을 참을 수 없었다. 가까이 걸어와 보니 겨우 '아문기경雅聞起敬'이라는 네 글자가 보였다. 즉 매 글자마다 한 부분을 지우면 아문기경이라는 고상한 글이 '아문주구'로 변해버리는 것이었다.

송사는 이렇게 많은 사람들이 현판을 보러 온 것을 보고는 의기양양하여 모두들 자신을 부러워한다고 생각했지만, 그는 정판교가 글자를 쓸 때 붓 두 자루를 사용했다는 것을 몰랐다. 한 자루는 기름과 금가루에 담근 것으로 '아牙·문門·주走·구苟' 네 글자를 쓰고, 다른 한 자루로는 금가루만을 사용하여 '추隹·이耳·기己·문文'을 쓴 것이다. 기름에 담그지 않은 금가루는 금방 벗겨졌으므로 시간이 지나면서 네 글자는 자연히 '아문주구'가 되어버린 것이다.

말이 바르고 행동이 깨끗하면 어찌 가는 곳마다 순조롭지 않은 것이 있으며, 재능이 뛰어나고 인품이 어질면 어찌 명성이 높아지지 않을 수 있겠는가?

정판교는 교묘하게 다른 필묵을 사용하여 송사의 요구를 만족시키면서도 송사를 풍자하는 목적을 달성하였으니 일거양득이라고 할 수 있다.

✢

고저동서高低東西

   청나라의 유용劉墉과 기효람紀曉嵐은 모두 재주가 비범하고 학식이 풍부했다. 유용은 기효람보다 네 살 많았지만 둘은 우정이 깊었으며 사람됨이 솔직하여 친형제처럼 지냈다. 그들은 무슨 일이든 서로 상의했으며, 함께 이야기를 나눌 때면 농담을 주고받으며 웃음꽃이 피었다.

   한번은 조례를 마치고 건륭제가 갑자기 흥취가 일어나 유용을 불렀다. "유경, 듣자하니 그대는 머리가 매우 좋아 순발력이 있다던데, 짐이 그대를 시험해 보고자 하오. 내가 수수께끼를 낼 테니 지금 맞추어 보시오. 만약 그대의 대답이 만족스러우면 크게 상을 내릴 것이오! 그럼 문제를 내겠소. 가장 높은 것은 무엇이고, 가장 낮은 것은 무엇인가? 동쪽에 있는 것은 무엇이고, 서쪽에 있는 것은 무엇인가?"

   유용은 비록 총명했지만 바로 대답을 할 수 없었다. 그 자리에 서서 머리를 짜내어 생각을 했지만 한참 동안 말을 하지 못했다. 건륭제는 그가 난처해하는 모습을 보고는 웃으며 말했다. "알았소. 그대에게 시간을 좀 줄 테니 집으로 돌아가 잘 생각해 보고 내일 다시 내게 답을 말해주시오."

   유용은 한참 동안 고심하여 생각을 짜내었지만 여전히 적당한 답을 찾아내지 못하고, 결국 어쩔 수 없이 기효람에게 도움을 청했다. 그는 마음속으로 기효람은 박학하고 기민하여 혹시 알아 낼 수도 있

218

을 것이라고 생각했다.

기효람은 마침 후원을 산책하고 있었는데 화원 안에는 많은 나무와 화초가 있었으며, 오이, 가지, 동아(박과의 식물—옮긴이), 수박 등의 채소와 과일도 있었다. 기효람은 유용의 고민을 듣고 나서 잠시 동안 생각에 잠기더니 화원 안을 가리키며 말했다. "저길 보니 선반위의 오이가 가장 높고, 가지가 가장 낮으며, 동아는 동쪽에 있고, 수박은 서쪽에 있구만."

그 말을 듣고 유용은 박수를 치며 감탄했으며 무거운 짐을 벗어버린 듯 말했다. "어쩐지! 나는 너무 넓게만 생각하여 융통성 없이 굴었네. 원래 이 수수께끼는 한정된 공간의 특정한 환경 안에서 낸 문제라는 것을 왜 몰랐을까. 역시 자네는 대단해!"

이튿날 문무백관이 양쪽에 서 있고 건륭제가 높은 자리에 앉아서 유용에게 어제 내었던 수수께끼에 대해 물었다. 유용은 아주 자신 있게 대답했다. "황제께 아룁니다. 화원에서는 선반 위의 오이가 가장 높고, 가지가 가장 낮으며, 동아는 동쪽에 있고, 수박이 서쪽에 있습니다."

유용은 자신의 대답이 황제를 만족시킬 수 있을 것이라 자신했지만, 뜻밖에 건륭제는 그 말을 듣고 얼굴에 실망감과 노기를 띠며 말했다. "참으로 엉터리로다!" 문무백관들도 몰래 웃음을 터뜨리는 것을 보자 유용은 궁색하기 짝이 없었다. 건륭은 기효람을 보고 다시 말했다. "기효람, 그대가 이 수수께끼에 대해 말해보아라."

기효람은 황제의 얼굴색이 크게 변한 것을 보고는 깨달은 바가 있어 무릎을 꿇고 말했다. "황제께 아룁니다. 신이 생각하기에 황제께서 가장 높고, 미천한 신이 가장 낮으며, 문관은 동쪽에 있고, 무관은 서쪽에 있습니다.”

건륭황제는 대답을 듣고 매우 재미있다고 생각을 했고, 또한 자신에 대한 존경과 찬사를 나타낸 이야기에 기분을 풀었으며 기효람에게 큰 상을 내렸다.

유용은 많은 사람들 앞에서 체면을 구기자 기효람에 대해 마음속으로 불만을 가졌다. 그래서 조례를 마치고 나오자마자 기효람에게 물었다. “자네는 어째서 나에게 답을 가르쳐 주는 척하고는 오히려 정답은 남겨 두었나? 나만 황제에게 미움을 받고 여러 문무백관들에게 조롱당한 꼴이 아닌가! 자네가 일부러 나에게 골탕을 먹이다니!”

기효람은 황급히 변명했다. “말하는 것은 주변의 환경과 맞아야 하네. 어제는 우리가 후원에 있었기에 그러한 대답이 나온 것이네. 자네가 생각해도 절묘하지 않았는가? 하지만 오늘은 황제 앞인데도 어제와 똑같은 대답을 했으니, 너무 주변 환경과 동떨어진 것이 아닌가. 다른 사람들이 들으면 모두 황당할 것인데, 어떻게 황제가 그 대답에 만족할 수 있었겠나?”

유용은 문득 자신이 또 다시 정답의 핵심이 되는 특정한 장소를 소홀히 했다는 것을 깨달았고, 자신이 난처함을 당한 것이 당연하다고 생각했다.

특정한 장소에서는 특정한 노래를 불러야 하는 것처럼 말하는 것도 반드시 장소와 환경의 변화에 따라 달라져야 좋은 말재주를 기를 수 있다.

말재주가 좋은 것은 사람이 살아가는 데 있어 매우 귀중한 재산으로 자신의 재능을 펼치고 다른 사람을 즐겁게 하고 설득하는 데 매우 큰 영향을 준다. 말재주가 좋은 것은 그저 쉽게 얻을 수 있는 것이 아니다. 그 사람의 사상이나 지식이 그 기초가 되며 반복적인 훈련을 통해서만 얻을 수 있다.

✠

물건으로 긴박함을 알리다

청나라 건륭제 때 기효람의 친척 노견증盧見曾은 염운사鹽運使라는 직책을 담당했다. 노견증은 학문이 뛰어나 평소 기효람과 시문詩文을 토론하는 등 교분이 두터웠다.

당시 조정에는 화신和珅이라는 간신奸臣이 있었는데 기효람과는 견원지간犬猿之間이었다. 한 사람은 혼탁하고 한 사람은 맑았으며, 한 사람은 탐욕스러웠고 한 사람은 청렴하여 마치 물과 기름처럼 서로 어울릴 수 없는 사이였다. 화신은 기회가 있을 때마다 기효람에게 죄를 덮어씌우려 했고, 기효람은 화신의 의도를 잘 알고 있었기에 항상 조심해서 일을 처리하고 억울한 꼬투리를 잡히지 않으려 노력했다.

하지만 뜻하지 않게 화신은 창끝을 기효람의 친척인 노견증에게 겨누었다. 황제 앞에서 터무니없는 날조로 노견증이 재물을 탐하여 뇌물을 받았으며, 직권을 이용해 사리사욕을 채웠다고 아뢰었다. 건륭제는 화신을 매우 아끼고 신뢰하여 그가 하는 말이라면 모두 믿었다. 황제는 크게 노하여 우선 관원들을 파견하여 노견증의 재산에 대해 조사한 후에 그 결과를 보고 처벌하기로 했다.

기효람은 이 소식을 듣고는 화신이 무고한 사람을 모함을 했으며, 그것은 결국 자신을 겨냥한 것이라고 확신했다. 즉 화신은 기효람이 이런 소식을 접하면 친척인 노견증의 무고함을 알리고 그를 보호하기 위해 가만히 있지 않을 것이라 여긴 것이다. 그러나 노견증에게 미리 이러한 소식을 알려주고 대비하라고 한다면 결국 황제가 알게 될 것이고, 그렇다면 곧 국정을 누설하는 죄를 저지르는 것이며 또한 조정에서 공공연히 친척을 변호하면 상황은 더욱 나빠질 것이 분명했다.

상황이 다급해진 기효람은 이리저리 궁리를 짜내었다. 만약 손을 놓고 가만히 있다가는 어떤 일이 벌어질지 알 수가 없었다. 결국 위험을 무릅쓰고 노견증에게 몰래 소식을 전해주기로 했지만 화신에게 약점을 잡혀서는 안 되기 때문에 편지나 말로 전달하는 것은 모두 위험한 일이었다. 그래서 그는 차 잎 한 줌과 소금 한 줌을 봉투에 넣고는 급히 사람을 보내 노견증에게 전해주라고 했다.

노견증은 늦은 시간에 기효람의 편지를 받고는 새로운 작품을 써서 보낸 것이라고 생각했지만, 봉투를 열어보고는 당황했다. 도대체 이게 무슨 놀이를 하자는 것인가? 차 한 줌과 소금 한 줌이 도대체 무슨 뜻이란 말인가! 차와 소금이라……

노견증은 그 숨은 뜻을 알아차리지 못하고 방안을 한참 서성이며 생각에 잠겼다. 그러다가 갑자기 머릿속에 떠오르는 것이 있었다. 차염茶鹽, 차염이라면 바로 '사염査鹽'이 아닌가?(차염과 사염의 중국어 발음은 'chá yaá'으로 같으며, 사염은 '염운사를 조사한다'는 뜻이다―옮긴이) 설마 조정에서 염운사인 자신을 조사하러 온단 말인가? 분명 누군가 자신을 모함했다는 뜻이다. 그는 즉시 집안사람들에게 단단히 준비를 하고 어떠한 약점도 잡히지 않도록 하라고 분부했다.

이튿날 조정 관원들이 황제의 명을 받고 노건중의 집을 조사했지만 아무것도 찾아낼 수 없었다. 화신은 낙담하여 어떻게든 기효람의 꼬투리를 잡으려 했지만 증거를 잡지 못했다. 그는 기효람이 편지를 보낸 적이 있다는 것은 알았지만, 그 내용을 알 수 있는 글이 전혀 없었으므로 모함을 할 수가 없었다.

마음속에 생각하는 바와 믿는 바를 '물건으로 대신하여' 다른 사람과 서로 통하려 할 때에는 재치가 필요하다.

사람의 지혜는 모두 급박한 상황에서 나타나며, 수많은 지혜는 그 사람의 평소 경험과 지식에 의해 드러난다. 언어적인 재치와 책략의 재치는 지혜가 가장 일반적인 형태로 나타나는 것이다. 급박하고 갑작스러운 사건을 재치 있게 대처한다는 것은 결국 그 사람의 평소 때의 지혜와 용기가 위험한 상황에서 자연스럽게 드러나는 것이라 보면 된다.

✛

지혜로 군심을 잡다

1861년 말, 태평군太平軍의 충왕忠王 이수성李秀成과 영왕英王 진옥성

陳玉成은 무한武漢을 공격하기로 약속을 했지만, 이수성은 도중에 군사들을 모으고 말을 사느라고 시간이 지체되었다. 그가 통솔하던 대군이 진옥성의 군대에 비해 출발이 늦었기 때문에 그는 서둘러 길을 떠나야만 했다. 대군 일행은 위풍당당하게 기문祁門을 압박해 들어갔지만, 이수성은 이곳에서 너무 많은 시간을 끌고 싶지 않았기 때문에 큰 전과를 올릴 생각이 없었다.

그때 마침 증국번曾國藩은 안휘에 주둔하면서 상군湘軍이라는 의용병 군대를 조직하여 안경安慶을 포위 공격했다. 그는 기문에 임시주둔지를 세우고 지휘부를 설치했으며 이로써 기문은 상군의 중요한 전략지역이 되었다.

중국번은 전쟁의 국면이 변화하는 것에 따라 전반적인 계획을 세워 주요 장군들과 병사들을 모두 최전선으로 보냈기 때문에 옆을 지키는 사람은 얼마 되지 않았고, 사실상 기문은 빈 진영이나 마찬가지였다. 태평군이 기문으로 공격해 온다는 소식이 전해지자 남아서 지키던 관원들과 장수들은 모두 놀라서 이번에는 분명 죽음을 면하기 어려울 것이라고 생각했다. 그래서 많은 사람들이 몰래 짐을 챙겨 배에 싣고는 도망갈 기회만 보고 있었다.

중국번 역시 이수성이 기문에 근접했다는 소식을 듣고서 마음속으로 불안했다. 대군이 코앞에 닥쳤는데도 옆에 있는 인원은 얼마 되지 않았고, 또한 병사들의 마음이 크게 동요하는 것을 보고서는 만약 이런 식이라면 패배는 불을 보듯이 뻔하다고 생각했다. 그래서 병사들의 마음을 안정시키는 것이 대단히 시급했다. 일반적인 군법에 따라 동요하는 무리들을 처벌하고 위엄으로 여러 사람들이 따르도록 한다면 억지로 사람들을 붙잡아 놓을 수는 있겠지만 결국 마음을 돌릴 수는 없을 것이라고 판단한 그는 '그것을 가지려고 한다면, 반드시 우선 그것을 주어야 한다.'는 말에 따라 자신의 신임을 이용하여 장수와 병사들의 감동과 충성을 얻기로 마음먹었다.

우선 스스로 모범을 보여 병사들 앞에서 유서를 한 장 쓰고는 자신이 죽을 각오로 싸울 것이라는 결심을 보여주고 말했다. "나는 도망가려고 이미 준비를 하는 사람이 있음을 알고 있다. 이 또한 사람이라면 당연한 것으로 충분히 이해할 수 있다." 그리고는 전령을 내렸다. "지금 우리는 적군과 대치하고 있는데 적군은 강하고 우리는 약하다. 군영을 떠나려고 생각하는 자에게는 석 달치 봉급을 주어 부모와 처자를 봉양하도록 하겠다. 만약 이후에 마음이 바뀌어 계속 나를 따르기를 원한다면 군영으로 돌아와 함께 싸우자. 나는 이전과 똑같이 그들을 받아줄 것이다."

부하들은 중국번이 이처럼 자신의 이익과 안위를 돌보지 않는 것을 보고, 또 전령에 인의仁義와 두터운 사랑, 사리에 밝음이 드러나 있는 것을 보고는 모두 감동했다. 그래서 모든 부하들이 끝까지 싸울 것을 결심했으며 죽음으로써 대장군의 은혜에 보답하기를 원했다. 그러자 순식간에 병사들의 동요는 가라앉았으며 오로지 어떻게 싸울 것인지만 생각하게 되었다.

이수성이 대군을 이끌고 기문에 도착하자 지키고 있던 상군과 격렬한 전투가 벌어졌다. 상군은 개개인이 모두 완강하게 저항하여 태평군의 공격을 저지했다. 이수성은 이처럼 용감하게 저항하는 병사들에게 두려움을 느꼈고, 기문을 강력한 군대가 지키고 있다고 생각하여 함부로 공격하지 못했다. 게다가 진옥성과의 약속 때문에 초조해져서 황급히 병사들을 거두어 서쪽으로 갔다. 증국번은 상대가 군대를 거두어 가는 것을 보고는 안도의 한숨을 쉬었으며, 절대 절명의 위기에서 벗어난 것과 군대가 죽을 고비를 무사히 넘긴 것을 축하했다.

다른 사람의 당신에 대한 믿음은 당신 스스로가 길러야 한다. 만약 다른 사람이 당신을 위해 충성하기를 원한다면, 당신이 다른 사람의 이익과 고통을 좌시하고만 있어서는 안 된다. 증국번은 병사들의 안전을 우선시했으며 자신의 안위를 돌보지 않고 지휘관으로서 군영에 남아있었다. 동시에 그는 큰 것을 잡기 위해 일부러 작은 것을 놓아주는 방식을 통해 병사들의 마음을 하나로 모았으며 절대 절명의 위기에서 무사할 수 있었다.

✛

몇 마디의 말로 다툼을 해결하다

청나라 후기 진수병陳樹屏이라는 지현이 있었다. 그는 기지가 넘치고 융통성이 있었으며 생각이 민첩하여 사람들 사이의 다툼을 잘 해결했다. 그는 말이 많지는 않았지만 하는 말마다 구구절절 핵심을 찔러, 그가 나타나면 어떤 일이든지 쉽게 해결되었기 때문에 사람들은 그의 말재주와 기민함에 칭찬을 아끼지 않았다.

어느 해 봄 햇살이 화창하게 비치던 날, 시홍詩興이 크게 일어난 진수병은 기쁜 마음으로 친구들을 초청하여 황학루黃鶴樓에 올라가 놀았다. 당시 호북의 감무督撫였던 장지동張之洞과 무군대인撫軍大人인 담계순譚繼詢은 그의 상사로 모두 신이 나서 초대에 응했다. 맑고 신선한 바람이 얼굴을 스쳐지나가고 꽃향기에 마음이 빨려 들어갔다. 멀리 장강에는 밝은 햇빛 아래, 반짝이는 물결위로 범선들이 오고가는 수려한 경치가 펼쳐져 있었고 모두들 흥취가 고조되어 연회의 분위기는 매우 좋았다.

이때 갑자기 한 사람이 물었다. "이 강은 얼마나 광대하고 그 기세가 당당합니까? 그 면적이 얼마나 될지는 아무도 모르겠지요?"

그 말을 듣고는 모두들 토론을 시작했다. 어떤 사람은 경전에 나오는 어구나 고사를 인용했고, 어떤 사람은 대략적으로 추측해서 말했다. 또 어떤 사람은 다른 사람의 대답을 경청하며 자신이 말할 차례를 기다리고 있었다. 장지동과 담계순은 겉으로는 잘 어울렸지만 평소 서로를 맞수로 생각하여 마음속으로 상대방에게 지기 싫어했기 때문에 금세 첨예하게 대립하기 시작했다.

담계순이 낭랑한 목소리로 말했다. "내가 책에서 장강과 관련된 기록을 본 적이 있는데 기억하기로는 5리 3분이야."

장지동이 그 말을 듣고는 일부러 반대하며 말했다. "아니야. 내 기억으로는 책에 분명히 7리 3분이라고 쓰여 있었어. 자네가 말한 것처럼 그렇게 좁다면 강물이 어떻게 저런 큰 기세로 흐르겠는가!"

담계순은 장지동이 자신의 의견에 정면으로 반박하며 분명하게 잘못된 인용을 하고 있다고 말하는 것을 보고는 자신의 체면이 손상되었다고 생각했다. 그리하여 두 사람은 목을 꼿꼿이 세우고 논쟁을 했으며 서로 얼굴을 붉히며 다투었다.

진수병은 두 사람이 연회의 분위기를 망치자 마음속으로 그들의 행동을 매우 달갑지 않게 생각했으며, 그가 보기에 두 사람은 그저 서로 깎아내리려고 트집을 잡는 것에 불과했다. 이 문제는 본래 정확히 알 수 없을 뿐더러, 설사 분명히 밝힌다고 한들 큰 의미가 없었다. 그는 다시 손님들의 흥을 살리기 위해 기지를 발휘했다. "물이 찼을 때는 강 수면이 7리 3분이고 낙조落潮 때에는 5리 3분까지 내려갑니다. 한 분은 물이 찼을 때를 말한 것이고 한 분은 낙조 때를 말한 것으로 두 분의 말씀은 모두 일리가 있는 것 같습니다."

진수병은 자신의 술잔을 높이 들어 말했다. "이 문제는 더 이상 거론하지 않는 것이 좋겠습니다. 오늘 모두가 어렵게 한자리에 모였고 날씨도 이렇게 좋은데, 자! 자! 오늘의 좋은 경치를 위해 우리 건배하시죠!"

사람들은 한쪽으로 치우치지 않은 중재안을 듣고서는 모두 마음속으로 웃었다. 장지동과 담계순은 자신들이 얼굴을 붉히며 말다툼한 것이 사실은 그저 상대방에게 지기 싫어서 그런 것임을 스스로 잘 알고 있었기에 진수병이 자신들을 위해 어색한 분위기를 벗어날 수 있는 여지를 만들어 준 것을 보고는 얼른 분위기에 따라 술잔을 높이 들었다. 이렇게 해서 한바탕 말싸움은 끝이 났다.

'가로로 보면 령嶺이 되고 측면에서 보면 봉峰이 되니, 원근고저가 각기 다르다.' 사람마다 사물을 보는 각도가 다르기 때문에 그 결론도 다를 수밖에 없고 이 때문에 항상 다툼이 생길 수 있다. 그러나 별로 중요하지 않은 일과 논쟁에 대한 가장 좋은 해결책은 한쪽으로 치우치지 않는 것이다. 일방적으로 한 사람의 편을 든다면 일치된 의견에 도달할 수도 없고, 또한 쌍방의 감정을 해치게 되어 더 큰 손실을 가져올 수 있다.

✦

차마 속이지 못 하겠다

증국번은 줄곧 스스로에게 '충성스럽고 인자하며 후덕한 마음'을 갖도록 요구했으며, 항상 자신의 고향 어르신들을 생각하여 음양으로 보살피는 일을 게을리 하지 않았다. 하루는 동향 사람이 증국번의 집을 찾아와 만나 뵙기를 청하며 하인에게 말했다. "나는 중 대인의 같은 고향 사람으로 홀로 고향을 떠나 혈육이라고는 아무도 없소. 어찌할 바를 모르던 차에 중 대인의 얘기를 듣고 몸을 의탁하러 왔으니 수고스럽지만 좀 알려주시오."

증국번은 소식을 듣고 즉시 그를 만났다. 그는 재주가 뛰어나고 천문과 지리에 밝았기에 둘은 매우 즐겁게 이야기를 나누었다. 식사 시간이 되자 증국번은 정중히 그에게 같이 식사를 하자고 했으며 그 사람은 식탁에서 깊고 예리한 의견을 말했다. "제가 경험한 바에 따르면 세상에는 속일 수 없는 세 종류의 사람이 있습니다."

증국번은 이 말에 호기심과 더불어 경험이 풍부한 사람의 고견이

229

매우 궁금하여 물었다. "어떤 사람들인지 말씀해 주시죠."

그는 젓가락을 놓고서 진지하게 말했다. "첫 번째로 속일 수 없는 사람은 이중당李中堂(이홍장을 가리킴. 청나라 말기의 한족계 중신으로 청의 부국강병을 위한 양무운동 등을 주도했으며 태평천국의 난 이후 정계의 실력자로 등장하였으나, 청일 전쟁을 계기로 실각하였음—옮긴이)같은 사람으로 그런 사람은 총명하고 세상 물정에 훤하며 이해타산에 뛰어나 다른 사람에게 쉽게 속지 않습니다. 두 번째 속일 수 없는 사람은 높은 벼슬을 하는 권력자로 설사 그들을 속인다 하더라도 일시적일 뿐, 그들은 끝까지 쫓아와 자신을 속인 사람을 붙잡으니 결국 속일 수 없는 것과 마찬가지입니다. 세 번째는 나리와 같은 분으로 타인을 진심으로 대하는 인격이 후덕한 사람입니다. 이런 존경할 만한 사람이 세상에 얼마나 있겠습니까? 또 누가 대인처럼 훌륭한 분을 속일 생각을 하겠습니까?"

중국번 자신도 이 사람이 말한 것이 자신의 가장 큰 장점이라고 생각하고 있었는데, 그 말을 듣자 그와의 만남이 너무 늦게 이루어졌다는 생각이 들었다. "그대와 오늘 처음으로 만났지만 짧은 대화를 하고도 이처럼 의기투합을 하리라고는 생각도 못했소! 나를 진정 알아주는 사람은 그대밖에 없는 듯하오!" 식사를 마치자 중국번은 당장 그에게 군량과 급료를 관리하는 일을 하도록 하여 재정을 맡겼다.

반년 후 그토록 신뢰하던 그 사람이 돌연 거액의 돈을 갖고 종적을 감추어 버리자, 중국번은 가슴을 치며 후회했다. 왜 그가 사람을 속일 수도 있다는 것을 눈치 채지 못했단 말인가? 사람들을 풀어 이 사기꾼을 잡으려고 했지만 아무런 단서도 없었다.

그때야 그는 자신이 원래 속일 수 없는 사람도 아니며, 또한 다른 사람이 감히 속일 엄두를 못내는 사람도 아니라는 것을 알고는 탄식하며 말했다. "그가 원래 나를 속여야겠다고 말한 것이었구나, 나를 속여야겠다고 말한 것이었구나!"

증국번은 청대의 유명한 대신으로 그 학문과 처세, 벼슬이 모두 당대 최고에 올랐던 사람이다. 그의 가서家書는 지금까지도 전해지며 그 책을 통해 총명함이 어느 정도인지 엿볼 수 있지만, 그는 이름없는 고향 사람에게 속아 넘어갔다. 여기서 알 수 있듯 사람을 해치려는 마음이 있어서도 안 되지만 사람을 경계하는 마음이 없어서도 안 되며, 또한 다른 사람의 감언이설과 첫인상에만 미혹되어서도 안 된다.

✣

세상에서 바둑을 제일 잘 두는 사람

청나라 때 명신 좌종당左宗棠은 바둑을 매우 좋아하여 평소 조정에서도 동료들과 자주 대국을 벌였다. 그는 바둑의 고수를 만나기만 하면 반드시 서로 바둑에 대해 토론하고 연구했지만, 그와 대적할 만한 강적을 만날 기회가 거의 없었기 때문에 스스로를 바둑의 고수라고 생각했다. 또 그는 바둑을 통해서 많은 병법을 깨닫게 되었다고 생각하여 매우 의기양양해 있었다.

어느 해 신강지역에 반란이 일어나자 매우 다급해진 조정은 좌종당에게 진압을 명령했고, 그는 조정의 명을 받아 반란을 토벌하러 가게 되었다. 출정 준비가 끝나고 출발 날짜까지 정해져 떠날 날만 기다리고 있던 때였다.

하루는 좌종당이 한가한 틈을 타서 편한 복장으로 거리를 산책하다가 길옆에서 바둑을 두고 있는 노인 한 명을 발견했다. 그 노인 옆에는 큰 간판에 힘 있는 글씨로 '천하제일기수天下第一棋手'라는 글이 쓰여 있었고, 그 문장 속에는 다소 오만함이 배어 있었다.

좌종당은 간판을 보고 마음속으로 도대체 어느 정도의 실력을 가졌기에 이처럼 오만방자한지 모르겠다고 생각했다. 멀리서 보니 백발노인이 생기가 넘치는 정정한 모습으로 앉아있었다. 노인은 고개를 들다가 좌종당과 눈이 마주쳤는데, 반짝이는 두 눈엔 기백이 넘쳤다. 좌종당은 그 날카로운 눈매를 보자 당장 도전하고 싶은 마음이 생겼고 자신도 모르는 사이 노인에게 다가가 대국을 신청했다. 노인은 그를 한 번 쳐다보고는 흔쾌히 대국을 승낙했고 바로 바둑을 두기 시작했다.

노인의 바둑수준은 잘 둔다고는 했지만 '천하제일기수'의 칭호를 받기에는 아직 거리가 있었다. 좌종당이 계속 공격을 하자 그 기세를 막아낼 수 없었던 노인은 연속해서 몇 판을 지고 말았다.

좌종당은 매우 의기양양해서 말했다. "내가 보기에 이 간판은 빨리 치우는 것이 좋을 것 같소. 아니면 집으로 돌아가 좀 더 연습을 해야만 '천하제일기수'라는 글씨가 부끄럽지 않을 것이오. 더 이상 다른 사람에게 창피를 당하면 안 되지 않겠소?"

노인은 이 말을 듣고서 아무 말도 하지 않고 그저 수염을 쓰다듬으며 고개를 끄덕였다.

좌종당은 신강의 반란을 평정하고 개선하는 길에 또 그 노인을 보았다. 그 노인의 옆에는 여전히 그 간판이 걸려있었고 좌종당은 마음속으로 크게 불쾌했다. 그리고 다시 그 노인을 찾아가 이번에는 진심으로 승복하도록 만들어 간판을 없애야겠다고 생각했다.

이튿날 좌종당은 다시 평상복을 입고 노인을 찾아가서 말했다. "내가 진정 '천하제일기수'가 무엇인지 보여주겠소!" 그렇지만 이번에는 지난번과 완전히 반대로 좌종당이 연달아 패했다.

그는 몹시 기분이 상했고 패배의 원인이 최근에 너무 피로했기 때문이라고 생각했다. 그래서 화를 삭이며 집으로 돌아와 충분히 휴식을 취하고 다음 날 다시 대국을 했지만 이번에도 노인에게 참패를 당했다.

좌종당은 노인이 어떻게 이처럼 짧은 시간 동안 그토록 큰 발전을 이루었는지 매우 놀라웠다. 노인은 웃으면서 말했다. "좌 대인! 저의 불경을 용서하여 주십시오. 나리께서 처음 미복을 입고 오셨을 때, 저는 이미 신분을 알고 있었습니다. 저는 대인께서 반란을 평정하기 위해 출정하신다는 소문을 들어 알고 있었기 때문에 일부러 승부를 양보했습니다. 그래서 대인께서는 자신감을 갖고 이처럼 높은 공을 세우셨습니다. 지금은 대인께서 이미 개선하여 돌아오셨으니 제가 무례를 범한 것입니다."

좌종당은 이 말을 듣고는 마음속으로 승복하며 말했다. "참으로 먼 하늘 저 쪽에 하늘이 있고, 사람 밖에 사람이 있구나!"

젊은이들은 패기가 있다. 이것은 노년이 되면 가질 수 없는 것으로 뛰어난 장점이지만 반면 그들은 오기로 인해 자신만 옳다고 생각하는 경향이 있다. 또 항상 진리가 자신의 손 안에 있으며 자신은 무슨 일이든지 다 할 수 있다고 생각하지만, 자신의 무지와 무모함을 깨닫고 후회했을 때에는 이미 때가 늦어버린다.

반드시 강한 것 중에서도 더욱 강한 것이 있다는 것을 알아야 하고 표면적인 성공과 영예에 눈이 멀어서는 안 되며, 항상 눈을 밝혀서 자신을 돌아보아야 한다.

✤

총독이 백성 앞에서 무릎을 꿇다

청나라의 양강총독兩江總督이었던 백령柏齡은 강둑이 터진 것을 막고 수리하는 일에 큰 공을 세웠다. 홍수 때문에 강물이 범람하여 눈앞에서 수만 평의 비옥한 논과 집이 물속에 매몰될 지경에 놓이자 백령은 모든 관원들과 백성들을 동원하여 둑을 막았다.

한 달여 동안 터진 둑을 막으면서 총독과 백성들이 하나가 되었고, 항상 붕괴위험이 가장 큰 제방에는 그가 함께 있었다. 관민이 한마음으로 단결하여 결국 제방을 지켜냈고 위기일발의 위험에서 마을을 구했다. 사람들은 모두 힘들여 거둔 성공에 기쁨을 감추지 못했으며 총독인 백령에 대해 더욱 감격해서 눈물을 흘렸다.

강둑을 무사히 막아 낸 후 풍속과 관례에 따라 양강총독은 관리들과 인근 백성들을 거느리고 용왕 묘에 가서 제사를 지냈다. 비를 관

장하는 용왕에게 비를 순조롭게 내리게 해주시고 강둑을 평안하게
보살펴 달라고 빌었다. 제물을 바치고 제사를 지낸 뒤 각 관원들과
백성들은 백령에게 무릎을 꿇고 인사를 올리며, 강둑을 무사히 지켜
낸 것을 자축함과 동시에 총독에 대한 감사를 표했다.

백령은 이를 보고 여러 사람들을 따라 같이 땅에 엎드렸다. 아래 시
종들과 백성들은 총독이 자신들 앞에서 무릎 꿇는 것을 보고는 깜짝
놀라며 소리쳤다. "대인! 이게 무슨 일입니까! 그러시면 저희와 같이
천한 것들이 어떻게 감당하겠습니까?"

총독은 일어나지 않았고 다른 사람들도 일어설 수가 없었다. 백령
이 꿇어앉아 말했다. "이전에 우리들이 곤란을 당할 때에는 이처럼
위아래를 따지지 않았다. 나는 결코 그대들보다 존귀하지 않다. 만약
그대들의 노력이 아니었다면 큰 제방은 무너졌을 것이고, 나도 그대
들과 함께 홍수에 목숨을 잃었을 것이니 어찌 대인과 평민을 구분하
겠는가?"

백령은 여전히 땅에 꿇어앉아 말했다. "여러분은 자신의 생사를 돌
보지 않고 나와 함께 나라를 위해 노력했고, 모든 백성들을 위험에서
구했으니 나는 그대들을 친구로 생각하네. 뿐만 아니라 여기는 관아
도 아니므로 이처럼 큰 예를 갖출 필요가 없고 더욱이 직위의 높고 낮
음, 관원과 백성을 나눌 필요가 없네."

백령의 이 말은 가슴에서 우러나온 것으로 그 자리에 있던 사람들
중에서 감동하지 않는 이가 없었다. 백령이 말했다. "그대들은 모두
일어나시오." 그는 일어나 머리에 있는 관모를 벗어 손에 받쳐 들고
거기에 달려 있는 붉은 구슬을 보며 말했다. "왕후장상의 씨가 따로

있겠는가! 앞으로 그대들이 진심으로 나를 따라 조정에 충성을 다하고 백성들을 행복하게 한다면 모두 이 관모를 쓸 기회가 있을 것이다."

겸손하며 항상 백성을 생각하는 눈앞의 총독을 보며 사람들은 뜨거운 눈물을 흘렸으며, 모두 충심을 다해 그를 따를 것을 약속했다.

관직의 도리는 민심을 얻는 데 있으며, 만약 그럴 수 있다면 아름다운 명성을 자손만대에 남길 수 있다. 그러므로 번잡하고 쓸모없는 일에 일일이 예의를 갖춰 존중해 주기를 원해서는 안 된다. 진정으로 민심을 얻으려는 사람은 사소한 일이나 형식에 얽매이지 않는다.

✢

농기구의 맛을 보고 범인을 잡다

호걸매胡乞買는 하채현下蔡縣의 현령으로 세세한 일까지 빈틈없이 처리하고 매우 지혜로워서 백성들로부터 깊은 존경을 받았다.

하루는 장만촌張灣村의 촌민 장원張元이 관아 문 앞에 와서 큰소리로 외쳤다. "현령께서는 민초의 억울함을 풀어주십시오!" 장원은 소장을 냈고 호걸매는 재판을 열었다. 장원은 마을 사방 몇 리에서 가장 유명한 오이 농사꾼으로 하룻밤 사이에 누군가 그의 오이 밭을 망쳐 놓아서, 오이 덩굴이 모두 잘려나가고 온전한 것이 하나도 없어 일

년 농사를 모두 망쳤다고 했다.

호걸매가 물었다. "너는 평소에 다른 사람으로부터 원한을 산 적이 있느냐?"

장원이 대답했다. "저는 대대로 오이 농사를 지으며 분수를 지키고 살아왔습니다. 부근에 사는 일고여덟 개의 농가도 모두 오이를 생업으로 하는데, 저와 그들은 함께 자란 친구들이며 서로 화목하게 지내 얼굴 한 번 붉힌 적이 없습니다. 언제 누구에게 원한을 살 만한 짓을 했는지 생각나지 않습니다." 말을 마치고 간청하여 말했다. "대인께서 이 일을 분명히 밝혀주시기 바랍니다. 오이 농사에 온 집안의 목숨이 달려있습니다!"

호걸민은 마음속으로 의심 가는 바가 있어 직접 현장으로 가서 조사하기로 마음먹었다. 그렇게 한다면 어떤 실마리를 얻을 수 있을 것이라 생각했다. 마을에 도착한 호걸민은 밭을 자세히 살피기 시작했다. 오이 밭은 엉망으로 망가져 있었고 잘려나간 오이에서 나온 물들이 도처에 흘렀으며, 발에 밟혀서 산산조각이 난 오이가 여기저기 나뒹굴고 있었다.

호걸매가 사방의 오이 밭을 둘러보며 물었다. "이 옆에 있는 것은 누구의 오이 밭이냐?"

장원이 황급히 대답했다. "이웃집 것으로 이 부근 사람들은 모두 오이 농사를 지어서 살아갑니다."

호걸매는 속으로 밭을 훼손한 자가 반드시 오이 농사를 짓는 사람들 중에 있을 것이라고 생각했다. 오이 덩굴이 망가진 흔적을 살펴보니 역시 철 가래로 잘려 있었다. 한참을 둘러보고 있는데 마침 마을 사람들이 현령이 직접 사건을 해결하러 왔다는 얘기를 듣고 모두 구경을 나왔고, 그 중에는 오이 농사를 짓는 사람들도 있었다. 호걸매는 명령을 내려 각자의 집에 있는 철 가래를 가져오라고 했다. 그는 무릎을 꿇고 앉아 하나씩 맛을 보았으며 그 중 한 자루가 몹시 쓴 것을 발견했다. 그는 곧장 옆에 있던 부하들에게 맛을 보도록 했고 모두 참을 수 없을 정도로 쓰다고 했다.

호걸매는 고개를 들고 물었다. "이 철 가래는 누구 것인가?"

한 사람이 황급히 놀라며 나왔고 호걸매는 그의 눈을 똑바로 쳐다보며 엄하게 물었다. "너는 왜 장원의 오이 밭을 훼손했느냐! 그와 무슨 원한이 있느냐?"

앞으로 나온 사람은 이미 다리를 부들부들 떨며 땅에 엎드려 연신 고개를 숙이며 죄를 인정했다. 그는 줄곧 장원이 좋은 오이를 심어 자신의 오이보다 항상 며칠씩 일찍 익는 것을 시기했다. 그는 장원이 매번 일찍 수확하여 시장에 내다 팔아서 높은 가격을 받자, 장원의 오이가 시장에 나오지 않으면 자신의 오이가 좋은 가격을 받을 수 있을 것이라고 생각하여 이런 짓을 하게 되었던 것이다.

호걸매는 그의 태도가 솔직하고 한 순간의 실수 때문에 잘못한 것이라 생각하여 비교적 가벼운 벌을 내렸는데, 이제는 오이를 수확할 수 없게 된 장원에게 죄인의 오이 밭을 일 년 동안 사용하게 하는 판결을 내렸다.

백성들은 현령의 세심한 재판 결과에 박수를 치며 환호를 보냈으며, 그때 어떤 사람이 이해할 수 없다는 듯이 물었다. "대인은 참으로 고명하십니다! 어떻게 대인께서는 가래의 맛을 보고 사건을 해결할 생각을 하셨습니까?”

호걸매가 웃으며 말했다. “나도 처음엔 전혀 단서가 없었지만 직접 현장에 와서야 실마리가 생겼다. 이 부근에는 모두 오이 농사를 짓기 때문에 이처럼 무도한 짓은 원한이 아니라면 같은 동업자들의 질투로 인한 것이라고 생각했고, 게다가 잘려나간 오이 뿌리와 덩굴을 보니 사용된 기구가 철 가래인 것 같았다. 그리고 가래에 묻은 오이의 수액은 금방 쓴 맛으로 변하기에 오이를 재배하는 농가의 철 가래를 맛본 것이며, 이로써 누가 범인인지 분명히 알아낼 수 있었던 것이다.”

어떤 일의 표면적인 현상에만 매달린다면 겉모습에만 미혹되어 그 속의 진실을 알아낼 수 없다. 어렵고 곤란한 일을 당했을 때에는 허점을 잘 살핀 후, 기회를 포착하여 즉시 행동으로 옮겨야 한다. 그러면 보기에 아무런 단서가 없는 일도 신속하게 처리할 수 있다.

⚜

쌀 한 말과 닭고기 한 근

청나라 목종 때 절강 은현鄞縣에 서씨 성을 가진 유명한 지현이 있었는데, 사람들은 그를 가리켜 ‘바보지현’이라 불렀다. 그러나 바보지현이 임기를 마치고 마을을 떠날 때엔 오히려 현민들이 아쉬워했으며 더 머무르기를 원했다. 원래 '바보지현'이라는 별명은 단지 겉모습이 좀 어수룩했기 때문에 붙은 것으로 실제로는 전혀 그렇지 않았고, 지금까지도 그의 '쌀 한 말과 닭 한 근'의 고사가 전해지고 있다.

하루는 지현이 가마를 타고 관사로 돌아가던 중 싸전 앞에서 가마를 멈추었다. 싸전은 발 디딜 틈도 없이 북적거렸고 너도나도 한마디씩 하면서 다툼이 끊이지 않았으며, 주변의 구경꾼들도 삼삼오오 모여서 논쟁을 벌이고 있었다.

지현은 싸전의 왁자지껄한 소리를 듣고서 호기심이 생겨 사람을 보내 무슨 일인지 알아보도록 했고, 잠시 후 두 명이 가마 앞으로 왔다. 얼굴에 화가 잔뜩 나 있는 한 사람은 무명옷에 짚신을 신고 있었으며 행색을 보아하니 시골 농부였다. 다른 한 사람은 온 얼굴이 붉으며 살이 통통하게 쪘고 가마 앞에 오자마자 얼굴에 웃음을 띠며 지현에게 인사를 했다. "소인은 쌀집 주인으로 지현 나리께 인사를 올립니다!"

지현은 가볍게 고개를 끄덕이며 바로 물었다. "너희들은 무엇 때문에 소란을 피웠느냐?"

농부는 여전히 분을 삭이지 못하고 대답했다. "저는 오늘 오랜 지병으로 고생하는 부친의 병 때문에 의원을 찾아 왔습니다. 그런데 급히 서두르다가 쌀집 주인의 어린 닭을 밟아 죽였습니다. 배상을 하는 것이야 당연한 일이지만, 글쎄 저보고 900전을 내라는 겁니다. 지금 저에게는 300전밖에 없고, 또 노부의 병도 치료해야 하기에 그와 다투게 되었습니다."

지현이 쌀집 주인에게 물었다. "다 자라지도 않은 닭 한 마리가 어찌 900전이나 되느냐?"

쌀집 주인이 말했다. "비록 죽은 닭이 아직 어리지만 일반 닭과는 다릅니다. 품종이 우수하며 이미 수개월 동안 길러서 아홉 근은 넉넉히 나갑니다. 제가 말한 배상금도 사실은 많이 깎아 준 셈으로, 닭 한 근에 겨우 백전으로 계산하여 900전을 요구한 것입니다. 소인은 참으로 적절한 요구를 한 것입니다."

지현은 호기심과 더불어 놀란 얼굴을 하며 물었다. "네가 말한 것이 모두 사실이냐?" 쌀집 주인이 얼른 대답했다. "소인이 어찌 나리를 속이겠습니까?"

농부가 막 반박하려고 하자 지현이 엄하게 꾸짖는 목소리로 말했다. "네가 조심하지 않고 경솔히 행동하다가 닭을 밟아 죽였으니 당연히 배상을 해야지. 하물며 쌀집 주인이 더 요구한 것도 없고 겨우 900전만 배상하라고 하니 결코 많은 것도 아니구나!"

"제가 배상을 하지 않으려는 것이 아니라 소인이 지금 갖고 있는 돈이 이것밖에 되지 않습니다. 부친의 병이 설마 닭 한 마리보다도 중요하지 않단 말입니까?" 농부는 분개하며 반박했다.

지현은 여전히 농부를 질책하며 말했다. "돈이 부족하면 옷이라도 팔아야지. 그래도 모자라면 내가 그대를 위해 부족한 부분을 메워 주겠네."

주위에 구경하던 사람들이 이 말을 들고서 모두 마음속으로 지현이 어리석어 한쪽 편의 말만 듣는다고 생각했지만, 아무도 나서서 말을 못했으며 어떤 사람은 몰래 귓속말로 탄식했다. "우린 어쩌다가 저렇게 바보 같은 지현을 만났게 되었는가!"

농부는 어쩔 수 없이 옷까지 팔아 겨우 600전을 마련했고 지현이 나머지 300전을 주어 쌀집 주인에게 배상했다. 지현은 계속해서 쌀집 주인이 아주 능숙하게 경영을 잘하며 타고난 장사꾼으로 전도양양하다고 칭찬했다. 쌀집 주인이 이런 칭찬을 듣고서는 감사를 표하고 몹시 흐뭇해하며 돈을 갖고 가려고 하자 주변에 구경하던 사람들은 혀를 차며 고개를 저었다.

쌀집 주인이 막 돌아서려는 순간 지현이 그를 잡으며 말했다. "잠시만 기다리게! 내 판결은 아직 절반이 남았으니 저쪽에서 나머지 판결을 계속 들어보게."

지현은 기침을 한 번 하고 큰 목소리로 말했다. "옛말에 '두미근계斗米斤鷄'라고 했으니 곧 닭을 한 근 늘이는 데 쌀 한 말이 필요하다는 뜻이다. 이제 너의 닭은 더 이상 먹일 수가 없게 되었으니 아홉 말의 쌀을 절약할 수 있게 되었다. 내가 이미 이 농부에게 배상하라고 명했으니 너도 당연히 절약한 아홉 말의 쌀을 그에게 돌려주어야 공정하지 않겠는가? 내 말이 맞느냐 틀리느냐?" 말을 끝내고 쌀집 주인을 쳐다보았다. 쌀집 주인은 감히 반박하지 못하고 속으로 계산을 해보니 아홉 말의 쌀은 자신이 배상받은 900전을 훨씬 초과하는 것이라 마음속에서 절로 비명이 나왔다.

이렇게 되자 주변에 구경하던 사람들은 바보같이 보이던 지현에게는 원래 이처럼 영묘한 계책이 있었다는 것을 깨닫게 되었다.

일을 하려면 책략을 중시해야 한다.

그것을 가지려면 반드시 먼저 그것을 버리는 것이 바로 큰 지혜이다. 이런 속담이 있다. '열 명의 말 잘하는 사람이라도 억지를 부리는 한 명의 궤변가를 당해 내지 못한다.' 쌀집 주인처럼 마구 생트집 잡기를 좋아하는 사람에게 인의도덕 을 이야기 하는 것은 소귀에 경을 읽는 것과 마찬가지다. 지현은 이미 이러한 것 을 알고 있었다. 자신이 만약 쌀집 주인이 주장한 배상금이 너무 높다고 판결했 다면 그는 결코 승복하지 않았을 것이고, 오히려 관직의 힘으로 자신을 억누른 다고 생각했을 것이다. 그것보다는 차라리 어리석은 척하여 그 사람의 도로써 그 사람을 다스리는 것이 나을 것이다. 결국 쌀집 주인은 아무런 말도 못하고 어 쩔 수 없이 아홉 말의 쌀을 얌전하게 그 농민에게 줄 수밖에 없었다.

⁜

열여섯 글자로 재판에서 이기다

청나라 때, 어려서부터 매우 총명하고 용모가 뛰어난 여자가 있었 다. 십육칠 세가 되었을 무렵 아름다움은 더욱 두드러졌고, 얼마 후 신체 건강한 농부에게 시집을 갔다. 집은 비록 부유하지는 않았지만 남편은 그녀를 진심으로 대했고 부부관계도 원만했다. 그러나 불행 히도 1년 뒤 갑자기 병이 난 남편은 부인의 극진한 치료에도 불구하 고 세상을 뜨고 말았다.

이때 그녀는 아직 스무 살도 채 되지 않았다. 시어머니는 이미 돌아 가셨고 집에는 단지 사십여 살의 시아버지와 날이 갈수록 커가는 어 린 시동생이 있었다. 이때부터 그녀는 혼자서 집안일을 꾸려나가야

243

했다. 이전에 남편과 함께했던 일을 지금은 혼자서 감당해야 했기에 그녀는 항상 심신이 피로했다. 남편이 세상을 떠나고 3년 동안 기나긴 밤을 독수공방했고 아직 묘령妙齡인 그녀는 적막함을 이기지 못하고 다시 재가하기로 마음을 먹었다.

그러나 당시 사람들은 부녀자의 도리를 다하는 것을 강조했으며, 게다가 그녀가 시집간 지역은 특히 정절貞節을 중시했고, 그녀의 집 부근에 정절비가 몇 개나 세워져 있었다. 만약 자신이 개가하려고 한다는 사실이 알려지면 시집에서 절대 동의해줄 리가 없었다.

이미 마음을 정한 그녀는 방법을 생각해 내었다. 어느 날 그녀는 친정으로 나들이를 가서 형제들에게 부탁하여 소장訴狀을 써서 돌아왔다.

얼마 후, 매파가 찾아와 바깥 동네에 일찍 상처한 남자를 중매했고 그녀는 고개를 끄덕이며 허락을 표했다. 남자 쪽에서 기쁜 마음으로 혼사를 준비하고 있을 때, 그 소식을 들은 시집 쪽 식구들이 결사반대의 뜻을 표시해서 어쩔 수 없이 그들은 법정까지 가게 되었다. 그녀는 아무런 논쟁을 하지 않고 이미 써 놓은 소장을 품안에 감추고 법정으로 갔다.

그녀의 시아버지와 다른 친척들은 모두 그녀를 꾸짖으며 말했다. "닭에게 시집가면 닭을 따르고 개에게 시집을 가면 개를 따르는 것이 예로부터 내려오던 예법이거늘, 너는 이미 우리 집 사람으로 정절이나 도리를 생각한다면 당연히 재가를 해서는 안 된다!"

그녀는 한마디도 말하지 않고 미리 준비해 둔 소장을 건넸고, 현령이 살펴보니, 단지 16개의 글자만 있었다.

'남편은 죽고 아내는 어리고, 늙은이는 건장하고 시동생은 커간다. 오이 밭 자두나무 밑에서, 어찌 재가를 하지 않을 수 있겠는가?[夫亡婦少, 翁壯叔大. 瓜田李下, 能否再嫁]'

글을 읽은 현령은 잠시 동안 침묵했다. 보기에는 연약하지만 어려운 세상살이에 당당히 맞서는 어린 과부의 정신과 지혜에 놀라지 않을 수 없었다. 비록 그녀는 자신이 재가를 해야 하는 진정한 이유에 대해서 길게 말하지 않았으며, 또한 자신이 지금껏 얼마나 정결하게 살아왔는지에 대해서도 구구절절 변론하지 않았지만, 그것보다 더 중요한 문제를 제기한 것이다. 만약 현령이 재가하지 못하도록 판결한다면 앞으로 시간이 지나는 동안 아마도 더욱 풍속을 해치는 일이 발생할 수도 있다는 것을 16개의 글자로 분명히 표현한 것이다. 여기까지 생각한 현령은 어린 과부의 재가 요청을 허락하지 않을 수 없었다.

중요한 모순을 피하려면, 보다 덜 중요한 모순에서부터 시작해야 한다. 그렇게 하면 어떤 경우에는 아무런 힘도 들이지 않고 문제를 해결할 수 있다.

어린 과부는 많은 말 대신 단지 한 수의 시를 써서 자신의 개가에 동의하지 않을 경우의 위험에 대해 지적했으며, 현령에게 그 내막을 이해시켜 자신이 원하는 바를 이루었다.

⚜

짚신을 거꾸로 신고 위기를 벗어나다

청나라 말기 위안스카이袁世凱는 줄곧 군주제를 회복하여 자신이 황제의 자리에 앉아 강산을 손바닥 안에 두려고 했다. 그의 이러한 행동은 백성들의 분노를 불러일으켰고, 쑨원孫文의 호소에 따라 전국 각지에서 군대를 일으켜 위안스카이를 토벌하려 했다.

슝커우熊克武는 사천지역에서 토벌군을 조직하였고, 류보청劉伯承이 중대장을 맡아 위안스카이의 군대와 격렬한 전투를 벌였다. 한차례 격렬한 전투를 통해 위안스카이의 부대에게 심각한 손상을 입혔지만, 힘에서 현격한 차이가 났던 사천 토벌군은 결국 많은 사상자를 내고 참패하고 말았고 슝커우는 쫓기 듯 사천을 떠나게 되었으며, 부대는 곤란한 지경에 처하게 되었다.

류보청은 온갖 어려움 속에서도 살아남기 위해 남아있는 부대를 거느리고 완강하게 버티며 유격전을 벌였다.

원래부터 길도 험한데다가 가을비까지 쉬지 않고 내려 질퍽거리는 산길은 걷기조차 힘들었다. 병사들은 이미 피로에 지쳤으며, 몇 차례 죽음을 넘나드는 격렬한 전투를 치루면서 겨우 수십 명만이 살아남았고, 전력을 보충하기 위해 류보청은 부대를 데리고 대족현大足縣으로 철수하기로 했다.

이처럼 곤란한 상황에서 그들은 위안스카이가 대규모 병력을 이끌고 그들을 추격해 오고 있다는 소식을 듣게 되었다. 적군이 쫓아온다면 지금의 군대로는 맞설 수 없었기에 하루빨리 그들로부터 벗어나는 것이 급선무였다. 류보청은 부대를 데리고 신속하게 철수하면서 적을 물리칠 방법을 고심했다.

저녁 무렵이 되자 류보청은 이미 모든 계책을 세우고 해가 떨어지기만을 기다렸고, 부대를 길옆 작은 숲 속으로 인솔하여 쉬도록 했다.

날이 어두워지자 류보청은 자신의 짚신을 벗어 거꾸로 신었다. 병사들이 그 이유를 알지 못해 어리둥절해 하자, 그는 웃으며 자신이 하는 대로 따라하라고 했다.

병사들은 류보청의 지휘에 따라 원래 길로 되돌아가서 산 위로 올라갔다. 병사들을 데리고 산 정상에 올랐을 무렵 적군은 이미 산기슭까지 쫓아왔고, 선두에 있던 적의 첨병들은 류보청 부대가 휴식했던 작은 나무숲을 발견하고는 그 주위를 수색했지만 겨우 발자국만을 찾아내었을 뿐 특별한 단서를 발견하지는 못했고, 발자국을 보고는 큰길을 따라 대족현 방향으로 추격했다.

그들은 병사들이 신발을 거꾸로 신었다고는 전혀 생각지 못했고, 류보청은 기발한 계책으로 적군의 추격에서 벗어나 병사들이 무사할 수 있었다.

손자孫子는 '싸움은 속임수로 대비하지 않는 곳을 공격하고 뜻하지 않는 곳을 친다. 이것이 전쟁에서 승리하는 길이니 절대 사전에 노출시키지 마라[兵者, 詭道也 攻其無備, 出其不意. 此兵家之勝, 不可先傳也]'고 했다.

류보청은 바로 뜻하지 않는 곳을 치라는 말과 대비하지 않는 곳을 공격하라는

것을 이용하여 교묘하게 적의 추격에서 벗어났으며, 자신의 병사들을 보호할 수
있었다.

✢

듣기 좋은 말로 결점을 가리다

유명한 화가 유중림兪仲林은 국화國畵(중국에서 서양화에 대하여 필묵으로 그
린 전통적인 회화를 이르는 말—옮긴이)에 대해 대단히 조예가 깊었으며, 특
히 모란을 잘 그려서 많은 사람들이 그의 작품을 구입하여 자신의 집
에 걸어두고 뽐내고 싶어 했다.

한번은 어떤 상인이 그의 명성을 듣고 찾아와 직접 모란 그림을 한
폭 그려달라고 부탁했다. 그의 얼굴을 보니 매우 속된 기운이 있었지
만 너무나 간곡하게 부탁하는 바람에 그림을 그려주기로 약속했다.
스스로가 원해서 그린 것이 아니기 때문에 그림 속에 모란 한 송이는
먹을 많이 쓰지 않은 상태에서 붓을 거두어 버렸다. 만약 먹을 덧칠
한다면 전체적인 조화가 깨어질 것 같았고, 이리저리 살펴보니 별로
흠이 될 것 같지 않았기에 그대로 두었다. 그가 비록 한 곳에는 먹을
많이 쓰지 않았지만, 그의 작품을 본 사람들은 모두 감탄을 했다.

약속한 날 그 상인이 와서 보물을 얻은 것처럼 기뻐하며 그림을 들
고 집으로 갔다.

며칠이 지난 후, 그 상인이 잔뜩 화가 난 채로 와서는 모란 그림을

248

탁자 위에 던지며 큰 소리로 말했다. "나에게 새로 그림 한 폭을 그려 줘야 되겠소!"

유중림이 그 연유를 묻자 상인이 말하기를 집으로 돌아가 그림을 벽에 걸어두고는 친한 친구들을 불러 작품을 감상하는데, 그 중 한 명이 갑자기 상서롭지 못하다고 크게 소리쳤다는 것이다. 그 친구는 그림을 자세히 살펴보고는 묵이 많이 묻지 않은 모란을 발견했고, 마치 한쪽 모서리가 없는 것 같다고 말했다. 그리고는 부귀를 상징하는 모란 그림에서 한쪽 모서리가 없다는 것은 부귀가 온전하지 못하다는 것을 나타낸다고 했다. 다른 사람들도 그의 말에 동의한다는 듯이 말했다. "정말 그렇군! 맞아, 모란의 한쪽이 없다는 것은 역시 상서롭지 못하군." 상인은 자신이 그림을 구한 것은 본래 부귀를 기원하려고 한 것이기 때문에 더욱 화가 났고, 그림이 완벽하지 못하다면 오히려 더 불길한 것이 아닌지 걱정되기도 했다.

유중림은 그의 말을 듣고서 어느 정도 일리가 있다고 생각했지만 다시 그림을 그려야 한다는 것이 내키지 않았는데, 갑자기 좋은 생각이 떠올랐다. "당신은 어디서 그런 비방하는 말만 들었소? 그 그림은 상서롭지 못한 의미를 갖고 있는 것이 아니오. 모란은 부귀를 상징하고, 내가 고의로 그 속에 있는 그림 한쪽을 흐리게 한 것은 '부귀가 끝이 없다'는 것을 보여주고자 한 것이었소!"

유중림은 똑같은 그림을 갖고 단지 해석만 달리한 것뿐이었는데 상인은 매우 기뻐하며 그림을 다시 갖고 갔다.

지혜로운 사람이라도 천 번의 생각 중에 한 번쯤은 반드시 실수가 있다. 사람마다 모두 소홀할 때가 있으니 그럴 때엔 어떻게 해결해야 하는가? 하나는 솔직하게 말하는 것이고, 다른 하나는 듣기 좋은 말로 상대방을 안심시켜 자연스럽게 넘어가는 것이다.

전자의 방법은 태도가 정직하고 성의를 보이는 것 같지만, 때로는 생각지도 못한 실패를 가져올 수도 있다. 진정으로 총명한 사람은 교묘하게 자신의 결점과 소홀함을 감추는데, 그것은 속이는 것이 아니라 일종의 지혜이다.

✛

퇴직한 관리의 처

　퇴직한 관리가 집에서 일하는 머슴의 딸에게 반해 그녀를 아내로 맞이하고자 했다. 그러나 늙은 머슴은 신분이 낮은 자신의 딸이 지체 높은 집안으로 시집을 가면 사람들에게 무시당하지 않을까 걱정이 되었고, 또한 그 관리가 딸에게 싫증이 나면 아무런 부담 없이 내칠 수도 있기 때문에 미천한 자신으로 인해 딸의 행복까지 망치지 않을까 고민이 되었다. 더욱이 퇴직한 관리의 성품에 대해서도 안심되지 않았다.

　딸이 그 전후사정을 알고는 부친에게 말했다. "제가 만약 그에게 시집을 가지 않으면 우리들은 분명 여기에서 발붙이고 살 수가 없을 것입니다. 저를 그에게 시집보내실 때 한 가지 조건을 요구하십시오. 그가 만약 저를 버린다면, 그 집에서 제가 지고 갈 수 있는 것 중에서 세 가지 귀중한 물건을 갖고 나오겠다고 말입니다."

　관리는 단숨에 그녀의 요구를 받아들여 글로 써서 남겼고, 반드시 약속을 지키겠다고 맹세했다. 결혼 후 두 사람은 사이좋게 잘 지냈으며 얼마 지나지 않아 귀여운 아들도 두 명이나 낳았다. 그러던 중 어느 날엔가 두 사람은 부부싸움을 하게 되었다.

　일의 내막인 즉, 마을에 말을 기르는 집과 당나귀를 기르는 집이 있었는데, 어느 날 그들은 어린 노새(암말과 수나귀 사이에 난 잡종—옮긴이) 한 마리가 생긴 것을 알게 되었다. 두 집은 모두 그 노새가 당연히 자기 소유라고 주장했고, 시비를 가리지 못하게 되자 결국 퇴직 관리에게 해결해 달라고 찾아왔다. 그런데 말을 기르는 사람이 자신에게 유리하게 판결을 내려 달라고 관리에게 선물을 보냈고, 뇌물을 받은 관리는 말 기르는 사람의 편을 들어서 결국 노새는 말을 기르는 사람이 가지고 가게 되었다.

　아내가 내막을 알고 그의 처신에 대해 매우 못마땅하게 생각했으며, 기회를 봐서 남편에게 정직하게 일을 처리하도록 충고해야겠다고 생각했다. 한번은 퇴직 관리가 정원 안의 무화과를 보며 말했다. "세상은 넓고 기이한 것이 많구나. 꽃이 없이 어떻게 결실을 맺을 수 있단 말인가?"

　아내가 금방 말했다. "그게 무슨 대수입니까? 지아비가 없는 말이 노새를 낳을 수 있는 것이 진짜 기이한 것이지요!"

　그녀는 판결이란 정직하고 공평하게 내려야 한다는 것을 충고하고자 했던 말이지만 퇴직한 관리는 부인이 감히 자신에게 대들고, 자신을 어리석다고 비웃는 것으로 생각했다. 비록 부인의 말은 매우 기교가 있었지만 자신의 체면이 깎였다고 생각한 관리는 화를 내며 말했다. "당신이 감히 나를 가르치려고 들다니! 내가 없었다면 그대는 아마 애비와 함께 하루 세끼도 먹기 힘들었을 것이다!" 말을 마치고는 곧 이혼장을 썼고, 그녀를 당장 친정으로 쫓아 보내겠다고 소리쳤다.

부인은 전혀 동요하지 않고 태연한 기색으로 말했다. "당신이 그러신다면 친정으로 돌아가도록 하지요. 하지만 그 전에 당신은 약속을 지켜야 합니다."

"지고 갈 수 있는 세 가지 재물 말인가? 마음대로 가지고 가거라!"

그러자 부인은 두 아들을 한 번씩 나누어 업고 밖으로 나갔다. 퇴직한 관리는 이를 보고서 마음이 뜨끔하여 곧 후회했지만 이미 약속을 했기 때문에 어쩔 수 없는 일이었다. 부인은 돌아와 퇴직 관리에게 말했다. "내가 이미 가장 귀중한 보물을 두 가지 갖고 갔지만 아직 한 가지가 부족합니다. 나는 내가 당신을 업고 갈 수 있을 거라 생각합니다." 그리고는 허리를 구부려 퇴직 관리를 업었다.

문 밖으로 나온 그는 아내의 지혜와 식견에 탄복하지 않을 수 없었으며, 또한 가족에 대한 그녀의 사랑에 뜨거운 눈물을 흘렸다. 부인이 그를 내려놓자 퇴직한 관리는 몸을 돌려 부인을 업고 집으로 돌아왔다. 그런 후 두 아들도 업고 돌아와서 부인에게 용서를 구했다. 그이후로 부인은 퇴직 관리의 현명한 내조자가 되었고, 그를 도와 많은 어려운 문제를 해결했다.

진언하거나 충고할 때에는 화술에 주의해야 한다. 안으로는 충심을, 밖으로는 기교를 가져야 하며, 동시에 다른 사람의 잘못을 용서할 수 있는 넓은 마음을 가져야 한다. 과거의 감정에 치우쳐 훈계만 하려 한다면 목적을 이룰 수 없다.

직언과 포용의 인간학

중국 역사에서 배우는 삶의 지혜

2009년 1월 30일 초판 인쇄
2009년 2월 6일 초판 발행

편역자 ㅣ 박종연
펴낸이 ㅣ 신성모
펴낸곳 ㅣ 북&월드

주소 ㅣ 서울시 마포구 신수동 448-6
전화 ㅣ 02)326-1013
팩스 ㅣ 02)322-9434
메일 ㅣ gochr@hanmail.net

ISBN 978-89-90370-71-6   03900